Plats mijotés végétariens

Traduction : Françoise Schetagne
Révision technique des recettes : Jennifer MacKenzie
Photos : Colin Erricson et Mark T. Shapiro
Stylisme culinaire : Kathy Robertson et Kate Bush
Stylisme des accessoires : Charlene Erricson
Maquette et infographie : Johanne Lemay
Photos : Shutterstock, pages 17, 23, 33, 51, 61, 71, 85, 107, 118

Photo de la couverture : Gratin de flageolets au fenouil, p. 88

08-11

L'ouvrage original a été publié
par Robert Rose Inc.
sous le titre *The Vegetarian Slow Cooker*
(le livre français est une traduction partielle de l'œuvre originale)

Dépôt légal : 2011
Bibliothèque et Archives nationales du Québec

ISBN 978-2-7619-3159-5

DISTRIBUTEURS EXCLUSIFS :

Pour le Canada et les États-Unis :
MESSAGERIES ADP*
2315, rue de la Province
Longueuil, Québec J4G 1G4
Téléphone : 450 640-1237
Télécopieur : 450 674-6237
Internet : www.messageries-adp.com
* filiale du Groupe Sogides inc.,
filiale de Quebecor Media inc.

Pour la France et les autres pays :
INTERFORUM editis
Immeuble Paryseine, 3, Allée de la Seine
94854 Ivry CEDEX
Téléphone : 33 (0) 1 49 59 11 56/91
Télécopieur : 33 (0) 1 49 59 11 33
Service commandes France Métropolitaine
Téléphone : 33 (0) 2 38 32 71 00
Télécopieur : 33 (0) 2 38 32 71 28
Internet : www.interforum.fr
Service commandes Export – DOM-TOM
Télécopieur : 33 (0) 2 38 32 78 86
Internet : www.interforum.fr
Courriel : cdes-export@interforum.fr

Pour la Suisse :
INTERFORUM editis SUISSE
Case postale 69 – CH 1701 Fribourg – Suisse
Téléphone : 41 (0) 26 460 80 60
Télécopieur : 41 (0) 26 460 80 68
Internet : www.interforumsuisse.ch
Courriel : office@interforumsuisse.ch
Distributeur : OLF S.A.
ZI. 3, Corminboeuf
Case postale 1061 – CH 1701 Fribourg – Suisse
Commandes :
Téléphone : 41 (0) 26 467 53 33
Télécopieur : 41 (0) 26 467 54 66
Internet : www.olf.ch
Courriel : information@olf.ch

Pour la Belgique et le Luxembourg :
INTERFORUM BENELUX S.A.
Fond Jean-Pâques, 6
B-1348 Louvain-La-Neuve
Téléphone : 32 (0) 10 42 03 20
Télécopieur : 32 (0) 10 41 20 24
Internet : www.interforum.be
Courriel : info@interforum.be

Gouvernement du Québec – Programme de crédit d'impôt pour l'édition de livres – Gestion SODEC – www.sodec.gouv.qc.ca

L'Éditeur bénéficie du soutien de la Société de développement des entreprises culturelles du Québec pour son programme d'édition.

Le Conseil des Arts du Canada
The Canada Council for the Arts

Nous remercions le Conseil des Arts du Canada de l'aide accordée à notre programme de publication.

Nous remercions le gouvernement du Canada de son soutien financier pour nos activités de traduction dans le cadre du Programme national de traduction pour l'édition du livre.

Nous reconnaissons l'aide financière du gouvernement du Canada par l'entremise du Fonds du livre du Canada pour nos activités d'édition.

Plats mijotés végétariens

Judith Finlayson

100 recettes
savoureuses
à la **mijoteuse**
électrique

LES ÉDITIONS DE L'HOMME
Une compagnie de Quebecor Media

Table des matières

Introduction

De nos jours, de plus en plus de gens essaient de modérer leur consommation de viande. Plusieurs raisons motivent leur choix et même ceux qui ne sont pas complètement végétariens ont pris conscience qu'une alimentation composée principalement de légumes, de fruits, de légumineuses et de céréales complètes suffisait à nos besoins quotidiens. Les aliments d'origine végétale contiennent moins de calories et de gras saturés que la viande et ils renferment des nutriments qui nous aident à mieux combattre la maladie. Une consommation adéquate de ces aliments semble avoir le pouvoir de prévenir et peut-être même de guérir certaines maladies, dont le diabète de type 2 et les maladies cardiovasculaires.

Au cours des dernières années, nous avons aussi pris conscience de certains problèmes d'ordre moral relatifs à la consommation de viande (traitement des animaux contraire à l'éthique, émissions de gaz à effets de serre, etc.). On a alors assisté à l'émergence d'un tout nouveau groupe de consommateurs qui ont pris le nom de « flexitariens ». Il s'agit de personnes qui sont principalement végétariennes et qui restreignent consciemment leur consommation de viande en faisant des choix éclairés. Elles souhaitent améliorer leur santé, tout en prenant soin de celle de notre planète.

De nos jours, le végétarisme est une tendance très importante dans notre société. La popularité des mijoteuses est probablement liée à ce nouveau courant. J'ai récemment fait une présentation pour une entreprise bien connue dans le monde de l'alimentation. Un des membres de la direction m'a dit que son entreprise tenait pour acquis le fait que la plupart de ses clients possédaient maintenant une mijoteuse. Je n'ai pas été surprise outre mesure, puisque cet appareil est l'un des plus efficaces pour nous faire gagner du temps. Même les personnes les plus occupées peuvent déguster un délicieux repas maison après une journée de travail mouvementée.

Ce livre contient des recettes très variées qui conviendront à tous les goûts en toutes occasions : des plats cuisinés pour la famille aux mets plus raffinés pour les repas plus élaborés. Je vous offre aussi des desserts irrésistibles. J'ai aussi créé de nombreuses recettes qui conviennent aux végétaliens. Elles sont identifiées clairement pour vous faciliter la tâche. De plus, certaines recettes qui contiennent des produits laitiers ou des œufs peuvent être préparées avec les succédanés appropriés.

Je me suis amusée à créer des recettes plus traditionnelles comme le pâté chinois ou les quiches, mais j'ai aussi concocté des mets plus exotiques qui sont le reflet de notre ouverture d'esprit et de notre intérêt pour la gastronomie internationale.

Les aliments que nous préparons nourrissent à la fois notre corps et notre esprit. Les plats cuisinés à l'aide de la mijoteuse sont faits avec des ingrédients frais et sains et nous avons l'occasion de contrôler notre consommation de sel et de gras. Ils nous offrent aussi un antidote contre le stress de notre monde de plus en plus axé sur la vitesse et la haute technologie. Peu d'expériences sont aussi satisfaisantes que d'être accueilli chez soi par les arômes irrésistibles d'une bonne soupe ou d'un délicieux chili aux légumes. Grâce à la mijoteuse, nous pouvons tous préparer des mets exquis qui requièrent peu d'attention de notre part et qui ont toutes les chances de succès. J'espère que vous prendrez le temps d'essayer ces nouvelles recettes et que l'utilisation de votre mijoteuse fera désormais partie intégrante de votre vie.

Comment utiliser votre mijoteuse

Un outil pour bien gérer son temps

En plus de vous permettre de préparer des plats délectables, la mijoteuse est un appareil très efficace pour vous aider à bien gérer votre temps. Il vous est souvent possible de préparer une partie des recettes jusqu'à deux jours avant de les faire cuire. Cela vous permet d'être dans la cuisine au moment qui vous convient. (Toutefois, certains plats ou ingrédients ne peuvent pas être faits à l'avance pour des questions d'hygiène alimentaire.) Quand vous avez mis les ingrédients dans la cocotte de la mijoteuse et que vous avez allumé l'appareil, vous pouvez presque l'oublier. La mijoteuse fonctionne toute seule pendant que vous vaquez à vos occupations. Vous pouvez vous absenter de la cuisine toute la journée et, quand vous revenez le soir, un délicieux repas chaud vous attend.

Tout ce qu'il faut savoir sur la mijoteuse

Un appareil au fonctionnement simple

La mijoteuse est un appareil simple basé sur des techniques traditionnelles. L'appareil possède généralement un revêtement de métal et une cocotte munie d'un couvercle hermétique qui s'insère à l'intérieur. Par souci de commodité, la cocotte est amovible, on peut donc la retirer de la mijoteuse. Cela la rend facile à nettoyer et augmente sa polyvalence, car elle peut servir de plat pour mettre les aliments au frigo à l'étape « Préparation à l'avance », et vous pouvez aussi l'utiliser comme plat de service. Les éléments chauffants se trouvent dans le revêtement métallique. Ils sont donc généralement situés autour de la cocotte. Ils utilisent à peu près la même quantité d'énergie qu'une ampoule de 100 watts. Comme la mijoteuse consomme très peu d'énergie, vous pouvez la faire fonctionner même quand vous n'êtes pas à la maison.

La mijoteuse, mode d'emploi

Les mijoteuses sont habituellement rondes ou ovales. On en trouve toute une variété : de la petite de 1 litre (4 tasses) à la grande de 7 litres (28 tasses). Les petites rondes sont parfaites pour faire des trempettes et des fondues, des soupes, certains plats principaux et des desserts. Et les plus grandes, qui sont généralement ovales, sont celles qu'il faut utiliser pour cuire de grandes quantités d'aliments comme pour faire les recettes qui précisent de placer un moule à l'intérieur de la cocotte.

Dans mes recettes, je recommande des mijoteuses de différentes grosseurs. Veuillez noter que vous trouverez dans le commerce de nouveaux modèles que je n'ai pas encore eu l'occasion d'essayer. Fiez-vous à votre jugement. La cocotte doit être remplie au moins au tiers et au plus aux trois quarts de sa capacité. Les mets qui contiennent beaucoup de légumes et de liquide, par exemple, devront être préparés dans une mijoteuse ovale ayant une grande capacité. Comme j'utilise la mijoteuse pour recevoir, je crois qu'il est avantageux d'en avoir deux : une petite, qui a une capacité de 3 à 4 litres (12 à 16 tasses), est idéale pour faire des trempettes, des noix grillées ou pour des recettes qui donnent de petites quantités. Et une grande ovale de 6 litres (24 tasses) que j'utilise habituellement pour les recettes qui donnent de plus grandes quantités et pour celles qui demandent d'utiliser un moule à l'intérieur de la cocotte. Quand vous commencerez à utiliser votre mijoteuse, vous connaîtrez mieux vos besoins.

Le guide d'utilisation qui accompagne l'appareil vous donnera de plus amples informations sur la façon d'utiliser votre mijoteuse. Je vous recommande de lire attentivement les instructions qu'il contient ou de visiter le site Web du manufacturier pour obtenir les informations précises sur le modèle que vous avez acheté.

Temps de cuisson

J'ai cuisiné avec de nombreuses mijoteuses et je constate que les temps de cuisson peuvent varier considérablement de l'une à l'autre. Même si cela ne vous semble pas particulièrement utile si vous êtes débutant, le seul conseil que je peux vous donner, c'est : apprenez à connaître votre mijoteuse. Quand vous aurez essayé quelques recettes, vous verrez si votre appareil cuit plus rapidement ou moins rapidement que ceux que j'utilise. Vous serez alors en mesure d'adapter les temps de cuisson en conséquence.

D'autres facteurs peuvent influencer le temps de cuisson, comme une très grande humidité, des fluctuations d'électricité et des altitudes élevées. Il faut être prudent si vous êtes touché par l'un de ces facteurs.

Comment cuire des plats tout à fait savoureux

Utiliser la mijoteuse est en fait très simple, et c'est là que réside son succès. L'appareil cuit les aliments très lentement – à des températures allant d'environ 95 °C (200 °F) à basse température jusqu'à 150 °C (300 °F) à température élevée. Ce type de cuisson lente à chaleur humide (souvenez-vous du couvercle hermétique) fait en sorte que vous pouvez y cuire des grains entiers comme l'orge. Cela vous permet aussi de réussir à merveille de délicieux poudings et flans, parmi d'autres plats. J'adore également faire des gâteaux au fromage à la mijoteuse, car ils sortent toujours de ce petit cocon d'humidité cuits à la perfection. Ils ne sèchent pas et ne se fendillent pas, comme cela se produit trop souvent au four.

Quelques avantages de la cuisson lente à la mijoteuse

Ce type de cuisson :

- permet aux assaisonnements dans les sauces complexes de bien se mélanger ;
- permet de préparer de savoureux chilis et ragoûts qui ne se dessécheront pas ou qui ne colleront pas au fond du plat ;
- assure le succès de certains plats plus délicats comme les poudings.

Si vous attendez des invités

Lorsque j'attends des invités, j'utilise souvent mes mijoteuses pour préparer le repas. Vous noterez que pour certaines recettes, j'ai ajouté la mention « Idéal pour les réceptions ». Certaines de ces recettes ont été conçues pour les occasions spéciales, tandis que d'autres vous sembleront moins impressionnantes. Mes choix sont tout à fait subjectifs et reflètent simplement ma conception de ce que peut être un plat digne d'être servi à des invités. Il m'arrive de sortir l'artillerie lourde pour épater la galerie. Mais la plupart du temps, j'aime faire un repas à la bonne franquette avec un ou deux couples, le vendredi soir, par exemple. Je leur sers des plats réconfortants qui font partie des classiques de ce genre de cuisine, mais pour moi ces recettes méritent d'être partagées avec des gens que j'aime.

Apprenez à comprendre le fonctionnement de votre mijoteuse

Comme tous les appareils, la mijoteuse possède son propre mode de fonctionnement, et vous devez le comprendre et l'adapter à votre style de cuisson. Quand des amis ont su que j'écrivais un livre de recettes pour la mijoteuse, plusieurs d'entre eux ont fait cette réflexion : « Euh, tu veux dire l'appareil dans lequel on lance tous les ingrédients... et qui les transforme en un bon repas maison quand on rentre chez soi le soir ? »

« Oui, c'est un peu ça », leur ai-je répondu. Au fil des années, j'ai appris à considérer ma mijoteuse comme une aide indispensable et je peux difficilement imaginer vivre sans ses services. Mais je sais aussi que je ne peux pas faire de miracles. Et je ne peux penser sérieusement obtenir de bons résultats en lançant simplement les ingrédients dans l'appareil. Quand on cuit à la mijoteuse, c'est comme quand on cuit au four ou sur la cuisinière, le succès dépend de l'utilisation des bonnes techniques. La mijoteuse vous fait épargner du temps, car elle vous permet d'oublier les aliments une fois qu'ils sont dans la cocotte. Mais il vous faut porter attention à ce que vous faites quand vous préparez une partie de votre plat avant de le faire cuire. Voici quelques conseils qui vous aideront à assurer le succès de vos plats mijotés.

Pour attendrir les légumes

Même s'il faut utiliser une casserole supplémentaire, je fais ramollir les légumes avant de les mettre dans la mijoteuse. À mon avis, ce n'est pas l'étape qui prend le plus de temps dans la préparation – il est généralement plus long de peler et de hacher les légumes, ce qu'il faut faire de toute façon. Mais cela améliore grandement la qualité du plat : cela ajoute de la couleur, mais cela enclenche également le processus de caramélisation, qui décompose les sucres naturels des aliments et en libère la saveur. Cela permet aussi aux composés liposolubles des aliments de s'échapper, et ils viendront ensuite enrichir la saveur. De plus, quand on mélange les fines herbes et les épices avec les légumes ramollis, on obtient une sauce dont les saveurs sont mieux réparties.

Réduisez la quantité de liquide que vous utilisez

En utilisant votre mijoteuse, vous allez tout de suite remarquer la quantité de liquide qui s'accumule dans la cocotte. Comme l'appareil cuit à basse température et que les aliments sont couverts, le liquide ne s'évapore pas comme lorsqu'on cuit au four ou sur la cuisinière. Par conséquent, les aliments cuits selon des recettes traditionnelles seront trop liquides. Pour obtenir des plats mijotés bien réussis, vous devez donc diminuer la quantité de liquide que vous utilisez. De plus, pour obtenir des plats savoureux, je vous conseille d'utiliser du bouillon, plutôt que de l'eau, dans la majorité des recettes.

Observez les températures recommandées

Plusieurs desserts, comme ceux qui contiennent du lait, de la crème ou des agents levants, doivent cuire à température élevée. Dans ce type de recettes, je n'ai donc pas indiqué de temps de cuisson à basse température. Pour les recettes qui ne nécessitent pas une cuisson à une température particulière, on calcule généralement que 1 heure de cuisson à température élevée équivaut à un temps de 2 à 2 ½ heures à basse température.

Ne faites pas trop cuire les aliments

Même si la cuisson à la mijoteuse réduit les risques d'avoir des aliments trop cuits, ce n'est quand même pas une solution pour préparer tous vos repas de la même façon. Plusieurs légumes comme les légumineuses et les légumes-racines nécessitent au moins 8 heures de cuisson à basse température et il est parfois avantageux de les faire cuire encore plus longtemps. La plupart des autres légumes requièrent environ 6 heures de cuisson à basse température. Si vous n'êtes pas à la maison pendant la journée, il est bon d'avoir une mijoteuse qui se règle automatiquement au cycle Chaud (*Warm*) une fois que le plat est cuit. Une solution à cela est de prolonger le temps de cuisson en assemblant le plat à l'avance et en le réfrigérant toute la nuit dans la cocotte. Comme la préparation et la cocotte sont froids, le temps de cuisson des légumes sera plus long. (Assurez-vous de régler la mijoteuse à basse température (*Low*) et ne la faites pas préchauffer avant d'y mettre la cocotte, car celle-ci pourrait fendre.)

Utilisez les ingrédients de façon appropriée

Certains ingrédients supportent mal une cuisson prolongée à la mijoteuse et on devrait les ajouter au cours des trente dernières minutes après avoir augmenté la température à Élevée (*High*). Je pense ici aux courgettes, aux petits pois, aux pois mange-tout, aux légumes verts feuillus, au lait et à la crème (qui caillera si on la cuit trop longtemps).

J'aime utiliser des poivrons, mais j'ai appris qu'ils devenaient amers si on les cuisait trop longtemps. C'est aussi le cas pour le piment de Cayenne ou les sauces piquantes comme le tabasco et les grandes quantités de poudre de cari. (Les petites quantités de poudre de cari ne causent pas ce problème, peut-être parce que les sucres naturels des légumes contrebalancent toute amertume.) Mettez les poivrons dans la mijoteuse au cours des trente dernières minutes de cuisson.

Comme je ne suis pas une adepte du végétalisme, plusieurs de mes recettes contiennent des produits laitiers. Dans certains cas, je suggère des succédanés végétaliens qui me semblent convenables. Je tiens pour acquis que les végétaliens sauront remplacer les produits laitiers par des ingrédients qui leur plaisent. Essayez les recettes qui recommandent ces succédanés, par exemple l'huile d'olive pour remplacer le beurre, le tofu mou ou le yogourt de soya pour le yogourt, les boissons de riz, de noix ou de soya pour le lait ou la crème, les fromages de soya pour les fromages fabriqués avec du lait. Vous serez conquis par ces ingrédients qui ne vous sont peut-être pas encore familiers.

Les fines herbes fraîches et les épices

Pour obtenir les meilleurs résultats possibles, employez des épices entières plutôt que moulues – comme les bâtons de cannelle et les gousses de vanille – et des feuilles entières de fines herbes plutôt que des herbes moulues – comme les feuilles de thym et d'origan séchées. Elles libèrent leur saveur lentement pendant la longue période de cuisson, contrairement aux épices et aux fines herbes moulues, qui ont tendance à perdre de la saveur pendant la cuisson à la mijoteuse. Si vous utilisez des fines herbes fraîches, hachez-les finement, puis ajoutez-les pendant la dernière heure de cuisson, à moins que vous n'ajoutiez aussi toute la tige (cela fonctionne très bien pour le thym et pour le romarin).

Dans plusieurs de mes recettes, je recommande l'utilisation de grains de poivre noir concassé plutôt que de poivre moulu, car ils libèrent leur saveur tout au long de la cuisson. Vous pouvez acheter des grains de poivre concassé au supermarché, mais j'aime bien moudre le poivre dans un mortier. Un rouleau à pâtisserie ou une boîte de conserve assez lourde utilisée sur le côté peuvent aussi servir à briser les grains de poivre qui iront dans la mijoteuse. Si vous préférez utiliser du poivre noir moulu, mettez environ le quart ou la moitié de la quantité de poivre concassé mentionnée dans la recette.

Les huiles de cuisson

On entend toutes sortes de choses à propos des huiles de cuisson. Les huiles que vous choisissez reflètent votre opinion sur le sujet. C'est pourquoi j'indique seulement le mot « huile » dans la liste des ingrédients. Prenez celle qui vous plaît le plus (ex. : canola, arachide, carthame, tournesol ou maïs). Je ne recommande pas l'utilisation d'huiles raffinées parce que j'estime qu'elles ne sont pas bonnes pour la santé. L'huile d'olive est mon choix de prédilection. Elle est utilisée depuis des milliers d'années et elle a passé le test du temps. Cette huile est relativement stable (contrairement à l'huile de lin ou de noix), puisqu'elle peut supporter des températures convenant à la plupart de nos besoins en cuisine (environ 180 °C/350 °F), ce qui est idéal pour attendrir les légumes. Pour certaines recettes d'influence orientale, je suggère de prendre de l'huile de noix de coco à cause de son goût agréable et, pour les recettes aux accents méditerranéens, je suggère de l'huile d'olive. Mais le choix demeure toujours le vôtre.

Comment utiliser plats et casseroles dans la mijoteuse

Certains mets, comme les poudings, doivent être cuits dans un moule que vous déposez dans la cocotte de la mijoteuse. Vous avez alors besoin d'une grande mijoteuse ovale. Pour trouver un moule qui s'adapte à la cocotte, cela peut parfois être un casse-tête. Mais j'ai découvert que plusieurs types de plats peuvent très bien jouer ce rôle, en voici la liste : un plat carré de 18 cm (7 po) et des moules ronds de 1 et 1,5 litre (4 et 6 tasses). Je les ai d'ailleurs utilisés pour cuire la plupart des flans dont les recettes figurent dans ce livre. Un moule à charnière de 18 cm (7 po) qui entre dans une grande mijoteuse ovale est aussi très utile pour faire des gâteaux au fromage.

Avant de faire une recette qui requiert l'utilisation d'un plat allant au four, assurez-vous d'avoir un moule qui entrera dans la cocotte. Je mentionne toujours la taille des moules que vous devez utiliser dans les recettes quand cela s'applique. Soyez conscient que si vous utilisez des moules de grandeur ou de forme différentes de celles qui sont mentionnées dans la recette, les temps de cuisson varieront.

Pour faire de plus petites quantités

Au fil des années, plusieurs lecteurs m'ont demandé des recettes qui conviennent à une ou deux personnes. Comme la plupart des recettes peuvent être réchauffées ou congelées pour un usage ultérieur, il peut être utile d'en préparer de plus grandes quantités, ce qui nous permet d'avoir des repas tout prêts les jours où l'on n'a pas le temps de cuisiner. Toutefois, comme plusieurs personnes qui vivent seules ou en couple souhaitent bénéficier des avantages de la mijoteuse, j'ai noté dans ce livre toutes les recettes qui peuvent facilement être réduites de moitié. Pour que la mijoteuse fonctionne efficacement, le volume qu'elle contient est important, il faut donc utiliser une petite mijoteuse (environ 2 à 4 litres/8 à 16 tasses) si l'on décide de couper une recette en deux.

Préparation à l'avance

La plupart des recettes de ce livre peuvent être partiellement préparées à l'avance et conservées un ou deux jours au réfrigérateur, ce qui permet de gagner beaucoup de temps. Lisez la rubrique « Préparation à l'avance », qui accompagne les recettes appropriées.

Comment maximiser les avantages de la mijoteuse

Pour tirer le maximum de votre mijoteuse :

- Vous pouvez préparer une recette deux jours à l'avance, au moment où cela convient le mieux à votre horaire.
- Faites cuire un plat pendant la nuit, puis placez-le au frigo jusqu'au moment de servir.
- Faites la recette complète, puis congelez le reste pour un deuxième ou même un troisième repas.

La salubrité des aliments

Comme la cuisson à la mijoteuse se fait à des températures très basses pendant de longues périodes de temps, ce type de cuisson exige que l'on porte plus d'attention à la salubrité des aliments que lorsque la cuisson se fait à des températures plus élevées. La mijoteuse doit trouver l'équilibre parfait entre la cuisson suffisamment lente pour ne pas que vous ayez à surveiller constamment et la cuisson assez rapide pour que les aliments atteignent la température appropriée pour empêcher les bactéries de se développer. À des températures qui se situent entre 4 °C (40 °F) et 60 °C (140 °F), les bactéries se développent rapidement. Il faut atteindre 74 °C (165 °F) pour tuer les bactéries. C'est la raison pour laquelle il est si important de laisser le couvercle en place quand vous cuisez à la mijoteuse, et particulièrement durant les premiers stades de cuisson. Cela permet à l'appareil d'atteindre la température requise pour tuer les bactéries dans le temps approprié.

Les manufacturiers de mijoteuses ont conçu leurs appareils pour que vous n'ayez pas à vous préoccuper de la croissance des bactéries. Quand le couvercle reste en place et que les aliments cuisent pendant le temps indiqué, cette température est atteinte suffisamment vite pour assurer la salubrité des aliments.

Les conseils suivants vous aideront à vous assurer que les plus hautes normes de salubrité sont respectées :

- Gardez au frais tous les aliments contenant des produits laitiers ou des œufs jusqu'au moment de les utiliser dans la recette. Les bactéries se multiplient rapidement à la température ambiante. Ne laissez pas ces ingrédients se réchauffer avant de les cuire.

- Évitez de soulever le couvercle de la mijoteuse pendant la cuisson. Chaque fois que vous le faites, il faut environ 20 minutes pour récupérer la chaleur ainsi perdue. Cela augmente le temps nécessaire pour que les aliments atteignent la « zone de sûreté ».
- S'il y a une panne d'électricité pendant votre absence, jetez les aliments dont la cuisson n'était pas terminée. Ceux qui sont complètement cuits ne représentent aucun danger pour la santé si le courant n'a pas été coupé pendant plus de 2 heures.
- Mettez les restes au réfrigérateur le plus vite possible.
- Ne réchauffez jamais d'aliments dans une mijoteuse.

Petit test pour vérifier si votre mijoteuse respecte les normes d'hygiène alimentaire

Si vous croyez que votre mijoteuse ne cuit pas assez rapidement pour respecter les normes d'hygiène alimentaire, faites ce test. Mettez 2 litres (8 tasses) d'eau froide dans la cocotte, puis réglez l'appareil à basse température pendant 8 heures. En utilisant un thermomètre précis et en agissant rapidement, car la température descend quand on enlève le couvercle, vérifiez si la température de l'eau est à 85 °C (185 °F). Si l'eau n'a pas atteint cette température, c'est que la mijoteuse ne chauffe pas assez rapidement pour éviter les problèmes de salubrité. Si la température est beaucoup plus élevée, l'appareil ne cuit pas assez lentement pour être utilisé comme mijoteuse.

Gardez les aliments au chaud

Plusieurs mijoteuses ont un cycle Chaud (*Warm*) qui garde les aliments à 74 °C (165 °F). Les mijoteuses programmables se règlent automatiquement au cycle Chaud (*Warm*) lorque la cuisson est terminée. On peut les garder ainsi pendant une période pouvant aller jusqu'à 2 heures, après quoi il faut les transvider dans de petits contenants afin qu'ils refroidissent le plus vite possible avant d'être mis au réfrigérateur ou au congélateur. Comme la mijoteuse met beaucoup de temps à chauffer, il ne faut jamais l'utiliser pour réchauffer des aliments.

Pains et petits-déjeuners

Pain aux pommes et aux canneberges

1 pain
8 portions

Le mélange de saveurs est absolument délicieux dans ce pain et le bon goût de l'orange se marie bien au caractère acidulé des canneberges. Voici de quoi faire un bon goûter, un dessert nourrissant ou un petit-déjeuner original.

Trucs

Comme tous les autres pains présentés dans ce livre, celui-ci peut être fait dans n'importe quel plat de cuisson qui entre dans votre mijoteuse. J'ai plusieurs moules qui conviennent : un petit moule à pain de 20 x 10 cm (8 x 4 po) qui donne un pain de forme traditionnelle ; un moule à soufflé rond de 1,5 litre (6 tasses) et un moule carré de 18 cm (7 po). Les résultats sont toujours bons et cela permet d'obtenir des tranches de formes différentes.

J'aime utiliser du sucre de canne brut parce qu'il contient des nutriments, mais si vous n'en avez pas, vous pouvez le remplacer par de la cassonade.

Grande mijoteuse ovale d'au moins 6 litres (24 tasses)
Moule à pain d'environ 20 x 10 cm (8 x 4 po) ou 1 moule à soufflé ou un plat de cuisson de 1,5 litre (6 tasses), graissé (voir Trucs)

250 ml (1 tasse) de farine tout usage
250 ml (1 tasse) de farine de blé entier
60 ml (¼ tasse) de graines de lin, moulues
10 ml (2 c. à thé) de levure chimique (poude à pâte)
2 ml (½ c. à thé) de sel
2 ml (½ c. à thé) de cannelle moulue
175 ml (¾ tasse) de sucre de canne brut (sucre demerara ou autre) (voir Trucs)
60 ml (¼ tasse) d'huile d'olive
1 œuf
2 c. à soupe de zeste d'orange, râpé finement (2 oranges)
175 ml (¾ tasse) de jus d'orange (1 grosse orange navel)
5 ml (1 c. à thé) d'extrait de vanille
250 ml (1 tasse) de pommes, pelées, évidées et hachées finement (environ 1 pomme)
250 ml (1 tasse) de canneberges fraîches ou congelées

1. Dans un bol ou sur une feuille de papier ciré, bien mélanger les farines, les graines de lin, la levure chimique, le sel et la cannelle.
2. Dans un autre bol, battre le sucre, l'huile, l'œuf, le zeste et le jus d'orange ainsi que la vanille. Ajouter les ingrédients secs en mélangeant jusqu'à consistance lisse, sans plus. Incorporer les pommes et les canneberges.
3. Verser dans le moule préparé. Couvrir hermétiquement de papier d'aluminium et le fixer à l'aide d'une ficelle. Mettre le moule dans la cocotte de la mijoteuse et verser de l'eau bouillante qui montera à 2,5 cm (1 po) tout autour. Couvrir et cuire à température élevée pendant 4 heures, jusqu'à ce qu'une brochette insérée au centre en ressorte propre. Démouler et servir chaud ou laisser refroidir.

Pain d'avoine aux bananes et aux noix

1 pain
8 portions

Ce pain tendre et savoureux est idéal à l'heure du goûter. Vous pouvez aussi le servir comme dessert ou pour un petit-déjeuner vite fait.

Trucs

Comme tous les autres pains présentés dans ce livre, celui-ci peut être fait dans n'importe quel plat de cuisson qui entre dans votre mijoteuse. J'ai plusieurs moules qui conviennent : un petit moule à pain de 20 x 10 cm (8 x 4 po) qui donne un pain de forme traditionnelle ; un moule à soufflé rond de 1,5 litre (6 tasses) et un moule carré de 18 cm (7 po). Les résultats sont toujours bons et cela permet d'obtenir des tranches de formes différentes.

J'aime utiliser du sucre de canne brut parce qu'il contient des nutriments, mais si vous n'en avez pas, vous pouvez le remplacer par de la cassonade.

Grande mijoteuse ovale d'au moins 6 litres (24 tasses)
Moule à pain d'environ 20 x 10 cm (8 x 4 po) ou 1 moule à soufflé ou un plat de cuisson de 1,5 litre (6 tasses), graissé (voir Trucs)

75 ml (⅓ tasse) de beurre, ramolli
150 ml (⅔ tasse) de sucre de canne brut (sucre demerara ou autre) (voir Trucs)
2 œufs
3 bananes mûres, en purée (environ 300 ml/1 ¼ tasse)
175 ml (¾ tasse) de farine tout usage, non blanchie de préférence
175 ml (¾ tasse) de flocons d'avoine (pas de flocons à cuisson rapide)
2 c. à soupe de graines de lin, moulues
10 ml (2 c. à thé) de levure chimique (poudre à pâte)
2 ml (½ c. à thé) de sel
1 ml (¼ c. à thé) de bicarbonate de soude
125 ml (½ tasse) de noix, hachées finement

1. Dans un bol, battre le beurre et le sucre jusqu'à ce qu'ils soient légers et crémeux. Ajouter les œufs, un à la fois, en battre jusqu'à ce qu'ils soient bien amalgamés. Incorporer les bananes.
2. Dans un autre bol ou sur une feuille de papier ciré, bien mélanger la farine, les flocons d'avoine, les graines de lin, la levure chimique, le sel et le bicarbonate de soude. Verser sur les bananes et mélanger jusqu'à consistance lisse. Incorporer les noix.
3. Verser dans le moule préparé. Couvrir hermétiquement de papier d'aluminium et le fixer à l'aide d'une ficelle. Mettre le moule dans la cocotte de la mijoteuse et verser de l'eau bouillante qui montera à 2,5 cm (1 po) tout autour. Couvrir et cuire à température élevée pendant 3 heures, jusqu'à ce qu'une brochette insérée au centre en ressorte propre. Démouler et servir chaud ou laisser refroidir.

Pain brun cuit à la vapeur

1 gros pain ou 3 petits pains
10 à 12 portions

IDÉAL POUR LES RÉCEPTIONS

Servi chaud, ce pain légèrement sucré accompagne magnifiquement les fèves au lard. Il est aussi délicieux avec des morceaux de cheddar.

Truc

Si votre mijoteuse peut contenir un moule à pain de 2 litres (9 x 5 po), n'hésitez pas à faire cette recette. Comptez 3 heures de cuisson ou plus.

Grande mijoteuse ovale d'au moins 6 litres (24 tasses)
3 boîtes de conserve de 540 ml (19 oz), lavées, essuyées et vaporisées d'huile végétale ou 1 moule à soufflé ou 1 plat de cuisson de 2 litres (8 tasses), légèrement graissé

250 ml (1 tasse) de farine tout usage
250 ml (1 tasse) de farine de blé entier
125 ml (½ tasse) de farine de seigle
125 ml (½ tasse) de semoule de maïs
2 c. à soupe de sucre
5 ml (1 c. à thé) de sel
5 ml (1 c. à thé) de bicarbonate de soude
375 ml (1 ½ tasse) de babeurre
125 ml (½ tasse) de mélasse
2 c. à soupe d'huile d'olive

1. Dans un bol ou sur une feuille de papier ciré, bien mélanger les farines, la semoule de maïs, le sucre, le sel et le bicarbonate de soude. Faire un puits au centre.
2. Dans un autre bol, mélanger le babeurre, la mélasse et l'huile d'olive. Verser dans le puits et mélanger jusqu'à consistance lisse.
3. Verser en quantités égales dans les boîtes de conserve ou verser le tout dans le moule préparé. Couvrir hermétiquement de papier d'aluminium et le fixer à l'aide d'une ficelle. Mettre dans la cocotte de la mijoteuse et verser de l'eau bouillante qui montera à 2,5 cm (1 po) tout autour. Couvrir et cuire à température élevée pendant 2 heures si on utilise des boîtes de conserve ou pendant 3 heures si on utilise un moule ou un plat, jusqu'à ce qu'une brochette insérée au centre en ressorte propre. Démouler et servir chaud.

Céréales multigrains chaudes

Environ 750 ml (3 tasses)
6 portions

CONVIENT AUX VÉGÉTALIENS
PEUT ÊTRE RÉDUITE DE MOITIÉ

Les céréales chaudes sont idéales pour commencer la journée du bon pied et votre mijoteuse peut vous aider à préparer un petit-déjeuner nourrissant pour votre famille. Faites cuire les céréales pendant la nuit et laissez la mijoteuse au cycle Chaud (Warm) le matin venu. Tous pourront alors se servir à l'heure qui leur convient.

Trucs

Les cérérales multigrains vous permettent de profiter au maximum de la valeur nutritive de grains de céréales variés. Vous pouvez acheter un paquet contenant un mélange de trois, cinq ou sept grains dans la plupart des supermarchés.

Vous pouvez aussi préparer votre propre mélange en utilisant vos céréales préférées : riz brun, grains de blé, millet, orge, kasha, etc. Conservez les céréales dans un contenant hermétique, à l'abri de la lumière, dans un endroit frais et sec.

Si vous réduisez cette recette de moitié, prenez une petite mijoteuse de 2 à 2,25 litres (8 à 9 tasses).

Mijoteuse petite à moyenne de 2,25 à 4 litres (9 à 16 tasses)
Cocotte de la mijoteuse légèrement graissée

250 ml (1 tasse) de céréales multigrains ou 125 ml (½ tasse) de céréales multigrains et 125 ml (½ tasse) d'avoine irlandaise ou de flocons d'avoine
1 ml (¼ c. à thé) de sel
1 litre (4 tasses) d'eau
2 pommes moyennes, pelées et coupées en tranches épaisses
60 à 75 ml (¼ à ⅓ tasse) de raisins secs (facultatif)
Lait ou boisson de soya ou de riz

1. Dans la cocotte de la mijoteuse, bien mélanger les céréales, le sel, l'eau et les pommes. Mettre un linge propre plié en deux sur le dessus de la mijoteuse pour absorber l'humidité. Couvrir et cuire à basse température pendant 8 heures (ou pendant la nuit) ou encore à température élevée pendant 4 heures. Bien mélanger et régler au cycle Chaud (*Warm*). Juste avant de servir, mettre les raisins secs, si désiré, dans un bol convenant au micro-ondes et les couvrir d'eau. Les faire ramollir pendant 20 secondes, au micro-ondes. Mélanger avec les céréales et servir avec le lait.

NOTE

Au moment de préparer les céréales multigrains à la mijoteuse, n'oubliez pas que plus vous les mélangerez, plus elles deviendront crémeuses. Nul besoin de vous lever pendant la nuit pour les mélanger. Il suffira de laisser reposer les céréales au cycle Chaud (*Warm*) pendant au moins 15 minutes et de les mélanger à quelques reprises avant de les servir.

Orge aux canneberges et aux pacanes parfumée au zeste d'orange

Environ 750 ml (3 tasses)
6 portions

CONVIENT AUX VÉGÉTALIENS
PEUT ÊTRE RÉDUITE DE MOITIÉ

L'orge mondé est extrêmement nutritif, mais il est long à cuire. Ce n'est pas un problème si vous le faites cuire à la mijoteuse pendant la nuit. Dès votre réveil, vous pourrez savourer un petit-déjeuner consistant et délicieux.

Trucs

Au moment de préparer les céréales multigrains à la mijoteuse, n'oubliez pas que plus vous les mélangerez, plus elles deviendront crémeuses. Nul besoin de vous lever pendant la nuit pour les mélanger. Il suffira de laisser reposer les céréales au cycle Chaud (*Warm*) pendant au moins 15 minutes et de les mélanger à quelques reprises avant de les servir.

Je vous recommande d'utiliser de l'orge mondé, car il s'agit de la forme la plus nutritive de cette céréale, mais vous pouvez aussi prendre de l'orge perlé.

Si vous réduisez cette recette de moitié, prenez une petite mijoteuse de 2 à 2,25 litres (8 à 9 tasses).

Mijoteuse petite à moyenne de 2,25 à 4 litres (9 à 16 tasses)
Cocotte de la mijoteuse légèrement graissée

750 ml (3 tasses) d'eau
125 ml (½ tasse) d'orge (mondé), rincé et égoutté (voir Trucs)
125 ml (½ tasse) de canneberges séchées
1 c. à soupe de zeste d'orange, râpé finement
Une pincée de sel
60 ml (¼ tasse) de pacanes, grillées et hachées
Lait ou substitut laitier
Sucre de canne brut, miel ou sirop d'érable, au goût (facultatif)

1. Dans la cocotte de la mijoteuse, bien mélanger l'eau, l'orge, les canneberges, le zeste d'orange et le sel. Mettre un linge propre plié en deux sur le dessus de la mijoteuse pour absorber l'humidité. Couvrir et cuire à basse température pendant 8 heures (ou pendant la nuit) ou encore à température élevée pendant 4 heures. Bien mélanger. Garnir avec les pacanes et servir avec du lait et du sucre, si désiré.

Hors-d'œuvre et goûters

Gâteau au fromage à l'aneth et aux tomates séchées

8 portions

IDÉAL POUR LES RÉCEPTIONS

Dès la première bouchée, vous pourrez jouir du bon goût des tomates séchées. La croûte est faite uniquement de craquelins et de beurre. Vous pouvez aussi servir ce hors-d'œuvre sur des bâtonnets de céleri.

Truc

Si vous utilisez un moule à charnière, assurez-vous que l'eau ne s'infiltre pas dans le gâteau. Enveloppez le fond du moule dans un grand morceau de papier d'aluminium tout d'une pièce qui s'étend sur les côtés et sur le dessus du moule. Couvrez ensuite le dessus d'un seul morceau de papier d'aluminium qui descend sur les côtés, puis fixez le tout avec de la ficelle.

Grande mijoteuse ovale d'au moins 6 litres (24 tasses)
Moule à soufflé de 18 cm (7 po) d'une capacité de 1,5 litre (6 tasses) tapissé de papier d'aluminium résistant graissé ou moule à charnière de 18 cm (7 po) bien graissé (voir Truc)
Robot de cuisine

CROÛTE

250 ml (1 tasse) de miettes de craquelins (ex.: craquelins de blé minces)
2 c. à soupe de beurre, fondu

GÂTEAU AU FROMAGE

250 g (8 oz) de fromage à la crème, fondu
2 œufs
125 ml (½ tasse) d'aneth frais, haché grossièrement
60 ml (¼ tasse) de tomates séchées conservées dans l'huile d'olive, égouttées et hachées
2 c. à soupe d'oignons verts ou de ciboulette, hachés finement
Sel et poivre noir du moulin, au goût
175 ml (¾ tasse) de fromage emmental ou suisse, râpé en filaments

1. *Croûte:* Dans un bol, mélanger les miettes de craquelins et le beurre fondu. Presser au fond du moule préparé. Garder au congélateur jusqu'au moment de l'utilisation.
2. *Gâteau au fromage:* À l'aide du robot de cuisine muni d'une lame métallique, mélanger le fromage à la crème et les œufs jusqu'à consistance lisse. Ajouter l'aneth, les tomates séchées et les oignons verts. Saler et poivrer au goût. Mélanger juste ce qu'il faut, sans plus. Ajouter le fromage et mélanger. Verser sur la croûte. Couvrir le moule de papier d'aluminium et le fixer à l'aide d'une ficelle. (Si on utilise un moule à charnière, voir Truc.) Mettre le moule dans la cocotte de la mijoteuse et verser de l'eau bouillante qui montera à 2,5 cm (1 po) tout autour.
3. Couvrir et cuire à température élevée de 2 ½ à 3 heures, jusqu'à ce que les bords soient pris sans que le centre le soit complètement. Retirer le moule de la mijoteuse et laisser refroidir complètement au réfrigérateur, de préférence toute la nuit, avant de servir.

Préparation à l'avance

Vous obtiendrez un meilleur résultat si vous préparez ce gâteau la veille et si vous le gardez au réfrigérateur pendant la nuit.

Trempette de haricots noirs à la salsa

Environ 750 ml (3 tasses)

IDÉAL POUR LES RÉCEPTIONS

Cette trempette d'inspiration cubaine, que vous pouvez préparer avec les ingrédients que vous avez sous la main, est nutritive et pleine de saveurs.

Trucs

Pour obtenir la quantité requise de légumineuses, faites cuire 250 ml (1 tasse) de haricots noirs secs (voir p. 105) ou prenez 1 boîte de 398 à 540 ml (14 à 19 oz) de haricots noirs rincés et égouttés.

Pour obtenir une trempette plus veloutée, réduisez les haricots en purée à l'aide d'un robot de cuisine ou d'un pilon à purée avant de les mettre dans la mijoteuse.

Pour griller les graines de cumin: Mettez les graines dans un poêlon sec à feu moyen et remuez environ 3 minutes, jusqu'à ce qu'un bon arôme se dégage. Réduisez-les immédiatement en poudre très fine à l'aide d'un moulin à épices ou d'un mortier et d'un pilon.

Si vous utilisez une salsa très piquante, vous voudrez peut-être omettre le piment jalapeño.

Mijoteuse petite à moyenne de 2,25 à 4 litres (9 à 16 tasses)

500 ml (2 tasses) de haricots noirs, cuits (voir Trucs)
250 g (8 oz) de fromage à la crème, en cubes
125 ml (½ tasse) de salsa de tomates
60 ml (¼ tasse) de crème sure
5 ml (1 c. à thé) d'assaisonnement au chili
5 ml (1 c. à thé) de cumin moulu (voir Trucs)
5 ml (1 c. à thé) de poivre noir concassé
1 piment jalapeño, haché finement (facultatif; voir Trucs)
1 poivron rouge, rôti et haché finement (facultatif; voir Notes)
Oignons verts, hachés finement (facultatif)
Coriandre fraîche, hachée finement (facultatif)

1. Dans la cocotte de la mijoteuse, mélanger les haricots, le fromage à la crème, la salsa, la crème sure, l'assaisonnement au chili, le cumin, le poivre, le piment et le poivron. Couvrir et cuire à température élevée pendant 1 heure. Mélanger et cuire à température élevée 30 minutes de plus, jusqu'à ce que la trempette soit chaude et bouillonnante.
2. Servir immédiatement ou régler au cycle Chaud (*Warm*) jusqu'au moment de servir. Garnir d'oignons verts et de coriandre, au goût.

NOTES

Pour rôtir le poivron: Préchauffer le four à 200 °C (400 °F). Mettre le poivron sur une plaque à pâtisserie et le faire rôtir, en le retournant deux ou trois fois, jusqu'à ce que la peau soit noircie sur toutes les faces. (Cela prendra environ 25 minutes.) Mettre dans un bol résistant à la chaleur. Couvrir avec une assiette et laisser refroidir. Retirer ensuite la peau à l'aide d'un couteau bien affûté. Jeter la pelure et découper le poivron selon les indications de la recette.

Si vous n'avez pas le temps de faire rôtir le poivron, achetez un pot de poivrons rouges grillés.

Purée d'aubergine à l'aneth

Environ 750 ml (3 tasses)

CONVIENT AUX VÉGÉTALIENS
IDÉAL POUR LES RÉCEPTIONS
PEUT ÊTRE RÉDUITE DE MOITIÉ

Servez cette purée d'aubergine comme trempette avec des légumes crus ou des pointes de pain pita ou comme tartinade sur une baguette. Faites-en aussi un plat de prédilection pour un repas de mezzé ou de tapas. Même si elle est bonne chaude, cette purée est encore meilleure si on prend le temps de la laisser refroidir complètement avant de la servir.

Trucs

Pour faire dégorger les aubergines: Mettez les cubes d'aubergine dans une passoire, saupoudrez généreusement de sel, mélangez et laissez reposer de 30 à 60 minutes. Si vous manquez de temps, blanchissez les morceaux d'aubergine de 1 à 2 minutes dans une eau très salée. Rincez à l'eau froide et pressez avec les mains pour extraire le maximum de liquide. Épongez avec des serviettes en papier.

Si vous réduisez cette recette de moitié, prenez une petite mijoteuse de 2 à 2,25 litres (8 à 9 tasses).

Mijoteuse petite à moyenne de 2,25 à 4 litres (9 à 16 tasses)
Mélangeur ou robot de cuisine

2 à 3 c. à soupe d'huile d'olive
2 aubergines, pelées, coupées en cubes de 2,5 cm (1 po) et dégorgées (voir Trucs)
2 oignons moyens, hachés
4 gousses d'ail, hachées
5 ml (1 c. à thé) d'origan séché
5 ml (1 c. à thé) de sel
2 ml (½ c. à thé) de poivre noir du moulin
1 c. à soupe de vinaigre balsamique ou de vinaigre de vin rouge
125 ml (½ tasse) d'aneth frais, haché
Brins d'aneth (facultatif)
Olives noires, hachées finement (facultatif)

1. Dans une poêle, chauffer 2 c. à soupe d'huile d'olive à feu moyen-vif. Cuire quelques cubes d'aubergine à la fois en remuant pendant environ 3 minutes, jusqu'à ce qu'ils commencent à dorer (ajouter de l'huile au besoin). Mettre les aubergines dans la cocotte de la mijoteuse.
2. Dans la même poêle, ajouter de l'huile au besoin et faire revenir les oignons à feu moyen environ 3 minutes, jusqu'à ce qu'ils soient tendres. Ajouter l'ail, l'origan, le sel et le poivre. Cuire 1 minute, transvider dans la cocotte de la mijoteuse et bien remuer. Couvrir et cuire à basse température de 7 à 8 heures ou à température élevée pendant 4 heures, jusqu'à ce que les légumes soient tendres.
3. Transvider dans le mélangeur ou le robot de cuisine muni d'une lame métallique (procéder par étapes, au besoin). Ajouter le vinaigre et l'aneth et réduire en purée lisse en raclant les parois du bol. Rectifier l'assaisonnement, verser dans un bol et laisser refroidir complètement. Garnir de brins d'aneth et d'olives noires au goût.

Préparation à l'avance

Cette purée sera encore meilleure si vous la préparez la veille et la laissez refroidir complètement avant de la servir. Vous pouvez aussi la faire cuire pendant la nuit, la réduire en purée le matin venu, puis la faire refroidir.

Magnifique trempette aux épinards et aux artichauts

Environ 750 ml (3 tasses)

IDÉAL POUR LES RÉCEPTIONS

Truc

Si vous préférez une trempette plus onctueuse, passez les épinards et les artichauts au robot de cuisine (procédez par étapes, au besoin) jusqu'à la consistance voulue. Mélangez-les ensuite avec les autres ingrédients dans la cocotte de la mijoteuse.

Mijoteuse petite à moyenne de 2,25 à 4 litres (9 à 16 tasses)

250 ml (1 tasse) de mozzarella, râpée en filaments
250 g (1 tasse) de fromage à la crème, en cubes
60 ml (¼ tasse) de parmesan fraîchement râpé
1 gousse d'ail, émincée
1 boîte de 398 ml (14 oz) d'artichauts, égouttés et hachés finement
250 g (8 oz) d'épinards frais, bien nettoyés
1 ml (¼ c. à thé) de poivre noir du moulin
Chips de tostadas ou de tortillas

1. Dans la cocotte de la mijoteuse, mélanger la mozzarella, le fromage à la crème, le parmesan, l'ail, les artichauts, les épinards et le poivre. Couvrir et cuire à température élevée pendant 2 heures, jusqu'à ce que la trempette soit chaude et bouillonnante. Bien remuer et servir avec les chips.

Caponata aux câpres

Environ 500 ml (2 tasses)

CONVIENT AUX VÉGÉTALIENS
IDÉAL POUR LES RÉCEPTIONS

Ma recette est différente de la caponata traditionnelle, puisque j'utilise de la pâte de tomate au lieu des tomates fraîches. J'ajoute aussi des poivrons et des câpres, ce que je trouve particulièrement savoureux. Si vous n'avez pas envie de faire griller du pain, prenez des craquelins, tout simplement.

Trucs

Je prends le temps de faire dégorger l'aubergine parce qu'elle absorbe ainsi une moins grande quantité d'huile en cours de cuisson.

Pour faire dégorger l'aubergine : Mettez les cubes d'aubergine dans une passoire, saupoudrez généreusement de sel, mélangez et laissez reposer de 30 à 60 minutes. Si vous manquez de temps, blanchissez les morceaux d'aubergine de 1 à 2 minutes dans une eau très salée. Rincez à l'eau froide et pressez avec les mains pour extraire le maximum de liquide. Épongez avec des serviettes en papier.

Vous pouvez aussi utiliser des câpres conservées dans le sel dans cette recette, mais n'oubliez pas de les faire tremper dans l'eau froide environ 30 minutes, puis rincez-les à l'eau froide avant de les ajouter aux autres ingrédients.

Petite mijoteuse de 2,25 litres (9 tasses)
Grande feuille de papier sulfurisé

1 aubergine moyenne, pelée, coupée en cubes de 1,2 cm (½ po) et dégorgée (voir Trucs)
3 c. à soupe de vinaigre de vin rouge
5 ml (1 c. à thé) de sucre
2 à 3 c. à soupe d'huile d'olive
4 gousses d'ail, émincées
5 ml (1 c. à thé) de poivre noir concassé
2 ml (½ c. à thé) de sel
4 c. à soupe de pâte de tomate
½ poivron rouge, épépiné et coupé en dés
2 c. à soupe de câpres, égouttées (voir Trucs)
60 ml (¼ tasse) de persil frais, haché finement
Pain de campagne ou 1 baguette, coupé en tranches et grillé légèrement (facultatif)

1. Dans un petit bol, mélanger le vinaigre et le sucre. Remuer jusqu'à dissolution et réserver.
2. Dans une poêle, chauffer 2 c. à soupe d'huile d'olive à feu moyen-vif. Cuire les aubergines (procéder par étapes, au besoin) environ 3 minutes, en remuant et en ajoutant de l'huile, au besoin, jusqu'à ce qu'elles commencent à dorer. Verser dans la cocotte de la mijoteuse. Ajouter l'ail, le poivre et le sel dans la poêle et faire revenir pendant 1 minute. Ajouter la pâte de tomate et le mélange de vinaigre et bien remuer. Verser dans la cocotte de la mijoteuse.
3. Poser une grande feuille de papier sulfurisé directement sur les aubergines et l'étendre de façon qu'elle recouvre le bord de la cocotte. Couvrir et cuire à basse température pendant 6 heures ou à température élevée pendant 3 heures, jusqu'à ce que la préparation soit chaude et bouillonnante. Jeter le papier en prenant soin de ne pas renverser le liquide accumulé sur les aubergines. Incorporer les poivrons et les câpres. Couvrir et cuire à température élevée pendant 15 minutes, jusqu'à ce que les poivrons soient tendres. Mettre dans un bol et garnir de persil. Servir la caponata chaude ou à température ambiante sur les tranches de pain grillé.

Préparation à l'avance

Faites les étapes 1 et 2. Couvrez et réfrigérez jusqu'à 2 jours. Quand vous serez prêt à cuire le plat, continuez selon les directives de la recette.

Croûtons aux champignons et à l'ail rôti

28 croûtons

IDÉAL POUR LES RÉCEPTIONS
PEUT ÊTRE RÉDUITE DE MOITIÉ

Tout le monde raffole de ces hors-d'œuvre passe-partout à la fois simples et raffinés. Servez-les en entrée ou comme canapés.

Trucs

Pour rôtir les gousses d'ail: Préchauffez le four à 200 °C (400 °F). Pelez les gousses et retirez le germe (partie du centre). Mettez-les sur une feuille d'aluminium et arrosez-les de 2 ml (½ c. à thé) d'huile d'olive. Refermez le papier pour former une pochette et faites-les cuire pendant 20 minutes.

Ayez toujours une bouteille de vermouth blanc sec à portée de la main, puisqu'il peut remplacer le vin blanc. Cela vous évitera d'ouvrir une bouteille de vin lorsque vous n'avez besoin que d'une petite quantité.

Couvrez et réfrigérez le liquide de cuisson des champignons. Il ajoutera beaucoup de saveur à vos soupes, vos plats mijotés ou vos sauces. Vous pouvez l'utiliser comme bouillon ou mélangé avec du bouillon.

Pour faire les croûtons: Préchauffez le gril. Badigeonnez les tranches de pain d'huile d'olive des deux côtés et passez-les sous le gril en les retournant une seule fois.

Mijoteuse petite à moyenne de 2,25 à 4 litres (9 à 16 tasses)
Robot de cuisine

8 gousses d'ail rôties (voir Trucs)
500 g (1 lb) de champignons blancs, bien nettoyés
2 grosses échalotes, hachées finement
2 c. à soupe d'huile
60 ml (¼ tasse) de vin blanc sec ou de vermouth blanc sec
2 c. à soupe de persil frais, haché
2 c. à soupe de crème 35 % (facultatif)
10 ml (2 c. à thé) de vinaigre balsamique
Sel et poivre noir du moulin, au goût
28 croûtons (voir Trucs)
Fromage de chèvre doux, émietté

1. Dans la cocotte de la mijoteuse, mélanger l'ail, les champignons, les échalotes, l'huile et le vin. Couvrir et cuire à basse température pendant 8 heures ou à température élevée pendant 4 heures, jusqu'à ce que les champignons soient tendres. Bien égoutter (voir Trucs).
2. Mettre les champignons et le persil dans un robot de cuisine muni d'une lame métallique et les hacher très fin sans les réduire en purée. Ajouter la crème, le vinaigre, le sel et le poivre. Pulser deux ou trois fois pour mélanger.
3. Préchauffer le four à 190 °C (375 °F). Étaler la tartinade sur les croûtons et parsemer de fromage de chèvre. Cuire sur une plaque à pâtisserie jusqu'à ce que le fromage commence à dorer et à fondre. Servir immédiatement.

Si vous réduisez cette recette de moitié, prenez une petite mijoteuse de 2 à 2,25 litres (8 à 9 tasses).

Préparation à l'avance

Faites les étapes 1 et 2. Couvrez et réfrigérez jusqu'à 2 jours. Lorsque vous serez prêt à faire les croûtons, chauffer la préparation sur la cuisinière jusqu'à ce qu'elle atteigne presque le point d'ébullition avant d'en napper les croûtons.

Croûtons aux oignons caramélisés

Environ 16 croûtons

IDÉAL POUR LES RÉCEPTIONS

Surprenez vos invités en leur servant ce hors-d'œuvre original. Ils croiront sûrement que vous avez consacré beaucoup de temps à faire caraméliser doucement les oignons.

Trucs

Si vous préférez, assaisonnez les oignons avec du poivre noir du moulin une fois qu'ils sont cuits.

Si vous n'avez pas de thym frais, remplacez-le par 2 c. à soupe de persil frais haché finement.

Pour faire les croûtons: Préchauffez le gril. Badigeonnez les tranches de pain d'huile d'olive des deux côtés et passez-les sous le gril en les retournant une seule fois.

Petite mijoteuse de 2,25 litres (9 tasses)

6 oignons, coupés en tranches fines sur la hauteur
3 c. à soupe de beurre, fondu
1 c. à soupe de sucre
5 ml (1 c. à thé) de sel
5 ml (1 c. à thé) de poivre noir concassé (voir Trucs)
1 c. à soupe de thym frais (voir Trucs)
5 ml (1 c. à thé) de vinaigre balsamique
16 croûtons (voir Trucs)
500 ml (2 tasses) de fromage suisse ou gruyère, râpé en filaments

1. Dans la cocotte de la mijoteuse, mélanger les oignons et le beurre. Bien remuer afin d'enrober parfaitement les oignons. Couvrir et cuire à température élevée de 30 à 60 minutes, jusqu'à ce qu'ils soient tendres.
2. Ajouter le sucre, le sel et le poivre. Bien mélanger. Mettre un linge propre plié en deux sur le dessus de la mijoteuse pour absorber l'humidité. Couvrir et cuire à température élevée pendant 4 heures en remuant deux ou trois fois afin que les oignons soient uniformément caramélisés (remettre le linge en place chaque fois). Éteindre la mijoteuse. Incorporer le thym et le vinaigre.
3. Préchauffer le gril. Couvrir les croûtons avec les oignons et saupoudrer de fromage. Étaler les croûtons sur une plaque à pâtisserie et passer sous le gril de 2 à 3 minutes, jusqu'à ce que le fromage soit fondu et doré. Servir immédiatement.

Préparation à l'avance

Faites les étapes 1 et 2. Quand vous serez prêt à cuire le plat, réchauffez doucement la préparation aux oignons avant de continuer la recette.

Bruschettas aux tomates braisées

Environ 500 ml (2 tasses)

CONVIENT AUX VÉGÉTALIENS
IDÉAL POUR LES RÉCEPTIONS

Quoi de plus appétissant qu'une tomate fraîchement cueillie ? Pendant l'été, j'en profite pour faire des bruschettas regorgeant de fleur de sel, d'ail et de basilic frais. Je vous propose ici une recette à base de tomates en conserve afin que vous puissiez déguster ce merveilleux hors-d'œuvre même pendant la saison froide.

Mijoteuse petite à moyenne de 2,25 à 4 litres (9 à 16 tasses)
Grande feuille de papier sulfurisé

60 ml (¼ tasse) d'huile d'olive extravierge
1 boîte de 796 ml (28 oz) de tomates en dés, égouttées
2 gousses d'ail, émincées
10 ml (2 c. à thé) d'origan séché
5 ml (1 c. à thé) de sucre
5 ml (1 c. à thé) de sel
2 c. à soupe de persil frais, haché finement
Poivre noir du moulin, au goût
6 tranches de pain de campagne ou 12 tranches de baguette, grillées

1. Dans la cocotte de la mijoteuse, verser 2 c. à soupe d'huile d'olive et bien en couvrir le fond. Ajouter les tomates et saupoudrer d'ail, d'origan, de sucre et de sel. Arroser de l'huile restante. Poser une grande feuille de papier sulfurisé directement sur les tomates et l'étendre de façon qu'elle recouvre le bord de la cocotte.
2. Couvrir et cuire à basse température pendant 6 heures ou à température élevée pendant 3 heures, jusqu'à ce que la préparation soit chaude et bouillonnante. Jeter le papier en prenant soin de ne pas renverser le liquide accumulé sur les tomates. Incorporer le persil et poivrer au goût. Verser dans un grand bol et laisser refroidir à température ambiante. Pour servir, couvrir les tranches de pain avec la préparation aux tomates.

Préparation à l'avance
Après avoir terminé la recette, couvrez et réfrigérez la préparation jusqu'à 3 jours. Laissez-la reposer à température ambiante avant de la servir.

VARIANTE
On peut tartiner le pain chaud d'une fine couche de fromage de chèvre mou avant d'y ajouter les tomates.

Amandes et arachides assaisonnées

6 à 8 portions

CONVIENT AUX VÉGÉTALIENS
IDÉAL POUR LES RÉCEPTIONS

Truc

Prenez une petite mijoteuse ou une moyenne pour empêcher les noix de brûler. Vous pouvez aussi utiliser une mijoteuse d'environ 6 litres (24 tasses). Mais prenez alors soin de remuer les noix toutes les 15 minutes, car elles rôtiront assez rapidement (un peu plus d'une heure).

Mijoteuse petite à moyenne de 2,25 à 4 litres (9 à 16 tasses)

Amandes salées au thym

Pendant l'hiver, lorsque je reçois des invités, je prends le temps d'allumer un bon feu et de servir des petits bols remplis d'amandes parfumées au thym.

500 ml (2 tasses) d'amandes non blanchies
2 ml (½ c. à thé) de poivre blanc moulu
1 c. à soupe de sel marin fin, ou plus, au goût
2 c. à soupe d'huile d'olive extravierge
2 c. à soupe de thym frais

1. Dans la cocotte de la mijoteuse, mélanger les amandes et le poivre. Couvrir et cuire à température élevée de 1 ½ à 2 heures, en remuant toutes les 30 minutes, jusqu'à ce que les amandes soient rôties uniformément.
2. Dans un bol, mélanger le sel, l'huile d'olive et le thym. Verser ce mélange dans la mijoteuse, sur les noix. Bien remuer. Mettre les amandes dans un petit bol. Servir chaud ou laisser refroidir.

Arachides au beurre

Pour cette recette, vous pouvez prendre des arachides avec ou sans leur fine pellicule. Tout le monde raffole de ce délice irrésistible!

500 ml (2 tasses) d'arachides crues
60 ml (¼ tasse) de beurre fondu ou d'un succédané de beurre
10 ml (2 c. à thé) de sel marin fin

1. Dans la cocotte de la mijoteuse, mélanger les arachides et le beurre. Couvrir et cuire à température élevée de 1 ½ à 2 heures, en remuant de temps à autre, jusqu'à ce que les arachides soient rôties uniformément. Laisser égoutter sur des serviettes en papier. Servir dans un bol, saler et bien remuer.

VARIANTE

Arachides au beurre et au cari: Dans un petit bol, mélanger le sel marin avec 10 ml (2 c. à thé) de cari et une pincée de piment de Cayenne.

Soupes

Soupe aux deux tomates parfumée au pesto de roquette et de noix

6 portions
250 ml (1 tasse) de pesto

CONVIENT AUX VÉGÉTALIENS
PEUT ÊTRE RÉDUITE DE MOITIÉ

Si vous raffolez de la soupe aux tomates, je suis sûre que vous aimerez celle-ci. Le mélange de tomates et de pesto à la roquette est tout simplement divin. Servez cette soupe avec du pain de grains entiers pour le repas du midi ou pour un repas du soir léger.

Trucs

J'utilise des tomates San Marzano, car leur goût est bien franc. Si vous prenez des tomates du marché, vous pouvez ajouter une tomate séchée afin de rehausser le goût.

Si vous réduisez cette recette de moitié, prenez une petite mijoteuse de 2,25 litres (9 tasses) environ.

Préparation à l'avance

Faites l'étape 1. Couvrez et réfrigérez jusqu'à 2 jours. Quand vous serez prêt à cuire le plat, continuez selon les directives de la recette.

Mijoteuse moyenne de 4,5 litres (18 tasses)
Robot de cuisine

1 c. à soupe d'huile d'olive
1 oignon, haché finement
2 tiges de céleri, en dés
4 gousses d'ail, émincées
5 ml (1 c. à thé) d'assaisonnement à l'italienne
5 ml (1 c. à thé) de sel
2 ml (½ c. à thé) de poivre noir concassé
5 ml (1 c. à thé) de sucre
1 boîte de 796 ml (28 oz) de tomates avec leur jus (voir Trucs)
2 tomates séchées, réhydratées et hachées
1 litre (4 tasses) de bouillon de légumes

Pesto
1 litre (4 tasses) de feuilles de roquette bien tassées, équeutées
2 gousses d'ail, émincées
175 ml (¾ tasse) de parmesan fraîchement râpé ou d'un succédané végétalien
125 ml (½ tasse) de noix
125 ml (½ tasse) d'huile d'olive extravierge
2 ml (½ c. à thé) de sel
Poivre noir du moulin, au goût

1. Dans une poêle, chauffer l'huile d'olive à feu moyen. Faire revenir les oignons et le céleri environ 4 minutes, jusqu'à ce qu'ils soient tendres. Ajouter l'ail, l'assaisonnement à l'italienne, le sel et le poivre. Cuire 1 minute en remuant, puis ajouter le sucre. Ajouter les tomates et leur jus ainsi que les tomates séchées, puis porter à ébullition. Transvider dans la cocotte de la mijoteuse et incorporer le bouillon de légumes.
2. Couvrir et cuire à basse température pendant 6 heures ou à température élevée pendant 3 heures. Réduire en purée à l'aide d'un mélangeur à main. (On peut aussi procéder par étapes à l'aide du robot de cuisine ou du mélangeur.)
3. *Pesto :* À l'aide du robot de cuisine muni d'une lame métallique, hacher et mélanger la roquette, l'ail, le parmesan et les noix. Pendant que l'appareil est en marche, verser l'huile en mince filet par l'orifice d'alimentation et mélanger juste un peu. Saler et poivrer au goût et mélanger. Servir la soupe dans des bols et garnir avec une généreuse cuillerée de pesto.

Soupe aux tomates et au riz sauvage au parfum de fenouil

8 portions

Mijoteuse moyenne à grande de 4 à 6 litres (16 à 24 tasses)

CONVIENT AUX VÉGÉTALIENS
PEUT ÊTRE RÉDUITE DE MOITIÉ

Si vous avez parfois une envie irrésistible de tomates, cette soupe vous plaira à coup sûr. Le fenouil lui donne un léger goût de réglisse fascinant, tandis que le riz sauvage lui donne une consistance particulièrement agréable.

Trucs

Pour rehausser le goût des graines de fenouil, faites-les griller: Mettez les graines dans un poêlon sec à feu moyen et remuez environ 3 minutes, jusqu'à ce qu'un bon arôme se dégage. Réduisez-les immédiatement en poudre très fine à l'aide d'un moulin à épices ou d'un mortier et d'un pilon.

Pour préparer le bulbe de fenouil: Retirez et hachez les tiges supérieures (semblables au céleri). Vous pouvez conserver les feuilles vertes extérieures (frondes) que vous utiliserez comme garniture. Si la partie extérieure du bulbe semble sèche, pelez-la.

Si vous utilisez du bouillon maison, vous voudrez peut-être augmenter la quantité de sel. Les bouillons du commerce ont un contenu plutôt élevé en sodium.

Si vous réduisez cette recette de moitié, prenez une petite mijoteuse de 2 à 2,25 litres (8 à 9 tasses).

1 c. à soupe d'huile
2 poireaux (partie blanche avec un peu de vert), nettoyés et coupés en tranches (voir Trucs p. 47)
1 bulbe de fenouil, évidé et coupé en tranches fines sur la hauteur
3 gousses d'ail, en tranches
5 ml (1 c. à thé) de graines de fenouil, grillées et moulues (voir Trucs)
2 ml (½ c. à thé) de sel (facultatif)
2 ml (½ c. à thé) de poivre noir du moulin
1 boîte de 796 ml (28 oz) de tomates broyées
1 litre (4 tasses) de bouillon de légumes
175 ml (¾ tasse) de riz sauvage, rincé et égoutté
Crème 35 % ou succédané (facultatif)
Frondes de fenouil ou persil plat, hachés finement

1. Dans une grande poêle, chauffer l'huile à feu moyen. Faire revenir les poireaux et le fenouil environ 7 minutes, jusqu'à ce qu'ils soient tendres. Ajouter l'ail, les graines de fenouil, le sel et le poivre. Cuire 1 minute en remuant. Incorporer les tomates et 500 ml (2 tasses) de bouillon. Retirer du feu.
2. Réduire en purée à l'aide d'un mélangeur à main. (On peut aussi procéder par étapes à l'aide du robot de cuisine ou du mélangeur.) Transvider dans la cocotte de la mijoteuse.
3. Ajouter le bouillon restant et le riz sauvage. Couvrir et cuire à basse température pendant 6 heures ou à température élevée pendant 3 heures, jusqu'à ce que le riz soit tendre et que les grains commencent à fendre. Verser dans des bols, napper de crème et garnir de frondes de fenouil.

Préparation à l'avance

Faites les étapes 1 et 2. Couvrez et réfrigérez jusqu'à 2 jours. Quand vous serez prêt à cuire le plat, continuez selon les directives de la recette.

Soupe miso à l'orge et aux légumes

6 portions

CONVIENT AUX VÉGÉTALIENS
PEUT ÊTRE RÉDUITE DE MOITIÉ

Voici une soupe qui saura vous réconforter pendant les journées froides et venteuses. Le miso ajoute le caractère et la complexité qui font parfois défaut aux soupes qui ne contiennent pas de viande. Servez-la avec votre sandwich préféré pour composer un délicieux repas du midi.

Trucs

Utilisez de l'orge perlé ou mondé, au goût. L'orge mondé est la forme la plus nutritive de cette céréale.

Comme toutes les céréales entières, l'orge absorbe beaucoup de liquide. Si vous réfrigérez cette soupe, vous devrez lui ajouter de l'eau au moment de la réchauffer afin qu'elle revienne à sa consistance naturelle.

Si vous réduisez cette recette de moitié, prenez une petite mijoteuse de 2,25 litres (9 tasses) environ.

Grande mijoteuse ovale de 6 litres (24 tasses)

1 c. à soupe d'huile d'olive
2 oignons, hachés finement
4 carottes, pelées et coupées en dés
4 tiges de céleri, en dés
5 ml (1 c. à thé) de thym séché
2 ml (½ c. à thé) de poivre noir concassé
250 ml (1 tasse) d'orge, rincé et égoutté (voir Trucs)
1,75 litre (7 tasses) de bouillon de légumes
500 ml (2 tasses) de haricots verts, en morceaux
60 ml (¼ tasse) de miso foncé
125 ml (½ tasse) de persil frais, haché finement
Parmesan fraîchement râpé ou succédané végétalien (facultatif)

1. Dans une casserole, chauffer l'huile à feu moyen pendant 30 secondes. Faire revenir les oignons, les carottes et le céleri environ 7 minutes, jusqu'à ce qu'ils soient tendres. Ajouter le thym et le poivre, puis remuer pendant 1 minute. Ajouter l'orge et bien l'enrober. Verser 500 ml (2 tasses) de bouillon et porter à ébullition. Transvider dans la cocotte de la mijoteuse.
2. Ajouter le bouillon restant. Couvrir et cuire à basse température pendant 8 heures ou à température élevée pendant 4 heures, jusqu'à ce que l'orge soit tendre. Régler la mijoteuse à température élevée, au besoin. Ajouter les haricots verts et le miso, puis mélanger. Couvrir et cuire 15 minutes, jusqu'à ce que les légumes soient tendres. Ajouter le persil, verser dans des bols et garnir de parmesan.

Préparation à l'avance

Faites l'étape 1. Couvrez et réfrigérez jusqu'à 2 jours. Quand vous serez prêt à cuire le plat, continuez selon les directives de la recette. Comme l'orge a absorbé du liquide, ajoutez 125 ml (½ tasse) de bouillon ou d'eau à la quantité indiquée à l'étape 2 avant de cuire la soupe.

Harira

6 portions

CONVIENT AUX VÉGÉTALIENS
PEUT ÊTRE RÉDUITE DE MOITIÉ

Cette soupe traditionnelle marocaine est souvent préparée avec de l'agneau et on la sert habituellement pendant le Ramadan à la fin d'une journée de jeûne. Cette variante végétarienne est rehaussée de harissa. Servez-la avec du pain de grains entiers pour obtenir un repas léger merveilleux. Une salade de carottes râpées et de raisins secs ajoutera de la couleur et de la fraîcheur à ce repas typique du Moyen-Orient.

Trucs

Pour obtenir la quantité requise de légumineuses, vous pouvez cuire 250 ml (1 tasse) de pois chiches secs (voir recette de base p. 105) ou utiliser une boîte de 398 à 540 ml (14 à 19 oz) de pois chiches rincés et égouttés.

Si vous réduisez cette recette de moitié, prenez une petite mijoteuse de 2,25 litres (9 tasses) environ.

Mijoteuse moyenne à grande de 4 à 6 litres (16 à 24 tasses)

500 ml (2 tasses) de pois chiches, cuits et égouttés (voir Trucs)
1 c. à soupe d'huile
2 oignons, hachés grossièrement
4 tiges de céleri, en dés
2 gousses d'ail, émincées
1 c. à soupe de curcuma moulu
1 c. à soupe de zeste de citron, râpé
2 ml (½ c. à thé) de poivre noir concassé
1 boîte de 796 ml (28 oz) de tomates en dés avec leur jus
1 litre (4 tasses) de bouillon de légumes
250 ml (1 tasse) de lentilles rouges sèches, rincées
125 ml (½ tasse) de persil frais, haché finement
Harissa (voir Note ci-dessous)

1. Dans une poêle, chauffer l'huile à feu moyen. Faire revenir les oignons et le céleri environ 5 minutes, jusqu'à ce qu'ils soient tendres. Ajouter l'ail, le curcuma, le zeste de citron et le poivre. Cuire 1 minute, en remuant. Ajouter les tomates et leur jus, puis porter à ébullition. Transvider dans la cocotte de la mijoteuse et incorporer le bouillon.
2. Ajouter les pois chiches et les lentilles. Bien remuer. Couvrir et cuire à basse température de 6 à 8 heures ou à température élevée de 3 à 4 heures, jusqu'à ce que la harira soit chaude et bouillonnante et que les lentilles soient tendres. Ajouter le persil.
3. Servir dans des bols et passer la harissa à table.

NOTE

La harissa est un condiment nord-africain à base de piments forts et d'assaisonnements. À l'aide d'un robot de cuisine miniature, mélangez 3 piments rouges séchés (réhydratés 30 minutes dans l'eau bouillante), 10 ml (2 c. à thé) de graines de carvi grillées, 10 ml (2 c. à thé) de graines de cumin grillées, 2 tomates séchées réhydratées, 4 gousses d'ail, 2 c. à soupe de jus de citron, 1 c. à soupe de paprika doux et 2 ml (½ c. à thé) de sel. Ajoutez 3 c. à soupe d'huile d'olive extravierge et mélangez jusqu'à consistance lisse. Couvrez et réfrigérez jusqu'à 1 mois. Couvrez la harissa avec un peu d'huile d'olive après chaque usage. Donne environ 80 ml (⅓ tasse).

Préparation à l'avance

Faites l'étape 1. Couvrez et réfrigérez jusqu'à 2 jours. Quand vous serez prêt à cuire le plat, continuez selon les directives de la recette.

Soupe aux pois chiches, aux poivrons rôtis et au cumin

6 à 8 portions

Mijoteuse moyenne à grande de 4,5 à 6 litres (18 à 24 tasses)

CONVIENT AUX VÉGÉTALIENS
PEUT ÊTRE RÉDUITE DE MOITIÉ

Si vous voulez préparer une soupe de légumes réconfortante aux saveurs stimulantes, essayez cette recette du Moyen-Orient. Le cumin, les carottes, les pois chiches, les poivrons et le yogourt lui donnent un goût franc et rafraîchissant.

Trucs

Si vous voulez obtenir une soupe plus crémeuse, réduisez-la en purée grossière pendant 30 secondes à l'aide d'un mélangeur à main. Vous pouvez aussi passer 250 ml (1 tasse) de la soupe au mélangeur ou au robot de cuisine et la mélanger avec la soupe qui est dans la mijoteuse avant de servir.

Pour obtenir la quantité requise de légumineuses, vous pouvez cuire 250 ml (1 tasse) de pois chiches secs (voir recette de base p. 105) ou utiliser une boîte de 398 à 540 ml (14 à 19 oz) de pois chiches rincés et égouttés.

Pour griller les graines de cumin : Mettez les graines dans un poêlon sec à feu moyen et remuez environ 3 minutes, jusqu'à ce qu'un bon arôme se dégage. Réduisez-les immédiatement en poudre très fine à l'aide d'un moulin à épices ou d'un mortier et d'un pilon.

Si vous réduisez cette recette de moitié, prenez une petite mijoteuse de 2,25 litres (9 tasses) environ.

500 ml (2 tasses) de pois chiches, cuits et égouttés (voir Trucs)
1 c. à soupe d'huile d'olive
2 oignons, hachés finement
2 carottes, en dés
2 gousses d'ail, émincées
10 ml (2 c. à thé) de cumin moulu (voir Trucs)
5 ml (1 c. à thé) de sel
5 ml (1 c. à thé) de poivre noir concassé
1 litre (4 tasses) de bouillon de légumes
2 poivrons rouges, rôtis et coupés en dés
1 à 2 c. à soupe de jus de citron fraîchement pressé
125 ml (½ tasse) de persil frais, haché finement
Yogourt nature ou succédané végétalien

1. Dans une poêle, chauffer l'huile à feu moyen. Faire revenir les oignons et les carottes environ 7 minutes, jusqu'à ce qu'ils soient tendres. Ajouter l'ail, le cumin, le sel et le poivre. Cuire 1 minute, en remuant. Verser la moitié du bouillon de légumes et porter à ébullition. Transvider dans la cocotte de la mijoteuse.
2. Ajouter le bouillon restant et les pois chiches. Couvrir et cuire à basse température pendant 6 heures ou à température élevée pendant 3 heures. Ajouter les poivrons, le jus de citron et le persil. Rectifier l'assaisonnement, au besoin. Couvrir et cuire à température élevée pendant 5 minutes. Verser dans des bols et garnir avec une bonne cuillerée de yogourt.

Préparation à l'avance

Faites l'étape 1. Couvrez et réfrigérez jusqu'à 2 jours. Quand vous serez prêt à cuire le plat, continuez selon les directives de la recette.

Soupe de lentilles aux légumes-racines et aux bettes à cardes

6 portions

CONVIENT AUX VÉGÉTALIENS
PEUT ÊTRE RÉDUITE DE MOITIÉ

Cette soupe réconfortante fait un excellent plat principal. Pour un repas léger, servez-la avec une salade.

Trucs

Déchiquetez les bettes à cardes comme vous le feriez pour faire une chiffonnade de basilic. Retirez les tiges et la nervure centrale. Lavez les feuilles en les remuant bien dans un grand bol d'eau chaude afin de les débarrasser de toute impureté. Égouttez-les. Sur une planche à découper, rassemblez 2 ou 3 feuilles à la fois. Roulez-les en forme de cigare et découpez-les en tranches très fines.

Si vous réduisez cette recette de moitié, prenez une petite mijoteuse de 2,25 litres (9 tasses) environ.

Mijoteuse moyenne à grande de 4,5 à 6 litres (18 à 24 tasses)

1 c. à soupe d'huile d'olive
2 oignons, hachés finement
4 carottes, en dés
2 tiges de céleri, en dés
4 gousses d'ail, émincées
5 ml (1 c. à thé) de sel
2 ml (½ c. à thé) de poivre noir concassé
1 feuille de laurier
250 ml (1 tasse) de lentilles vertes ou brunes, rincées
1,5 litre (6 tasses) de bouillon de légumes
1 pomme de terre, épluchée et râpée
1 ml (¼ c. à thé) de piment de Cayenne, dissous dans 1 c. à soupe de jus de citron fraîchement pressé
1 litre (4 tasses) de bettes à cardes bien tassées, en chiffonnade (voir Trucs)

1. Dans une poêle, chauffer l'huile d'olive à feu moyen. Faire revenir les oignons, les carottes et le céleri environ 7 minutes, jusqu'à ce qu'ils soient tendres. Ajouter l'ail, le sel, le poivre et le laurier. Cuire 1 minute, en remuant. Ajouter les lentilles et bien remuer pour les enrober. Transvider dans la cocotte de la mijoteuse. Verser le bouillon de légumes.
2. Ajouter les pommes de terre et bien mélanger. Couvrir et cuire à basse température pendant 6 heures ou à température élevée pendant 3 heures, jusqu'à ce que les lentilles soient tendres. Ajouter le piment de Cayenne dilué et bien remuer.
3. Ajouter les bettes à cardes, quelques-unes à la fois, et les plonger complètement dans le liquide après chaque addition. Couvrir et cuire à température élevée pendant 20 minutes, jusqu'à ce qu'elles soient tendres.

Préparation à l'avance

Faites l'étape 1. Couvrez et réfrigérez jusqu'à 2 jours. Quand vous serez prêt à cuire le plat, continuez selon les directives de la recette.

VARIANTE

Si l'on aime le goût sucré des panais, on peut remplacer 2 carottes par 2 panais.

Soupe à l'oignon crémeuse au chou vert frisé

6 portions

Mijoteuse moyenne à grande de 4 à 6 litres (16 à 24 tasses)

CONVIENT AUX VÉGÉTALIENS
PEUT ÊTRE RÉDUITE DE MOITIÉ

Cette soupe ne contient pas de crème… à moins que vous décidiez d'en ajouter un peu dans chaque bol. Elle doit sa consistance veloutée à l'ajout de pommes de terre réduites en purée.

Trucs

Vous pouvez utiliser votre paprika préféré : ordinaire ou doux ; piquant pour rehausser le goût ; ou fumé pour ajouter un léger goût fumé à votre soupe. Si vous avez du paprika ordinaire et que vous voulez lui donner du mordant, il faut dissoudre 1 ml (¼ c. à thé) de piment de Cayenne dans le jus de citron en même temps que le paprika.

Si vous réduisez cette recette de moitié, prenez une petite mijoteuse de 2,25 litres (9 tasses) environ.

1 c. à soupe d'huile d'olive
4 oignons, en tranches fines
2 gousses d'ail, émincées
4 baies entières de piment de la Jamaïque
1 feuille de laurier
5 ml (1 c. à thé) de zeste de citron, râpé
2 ml (½ c. à thé) de grains de poivre noir concassé
1 litre (4 tasses) de bouillon de légumes
3 pommes de terre, épluchées et coupées en dés
5 ml (1 c. à thé) de paprika, dissous dans 2 c. à soupe de jus de citron fraîchement pressé (voir Trucs)
1 litre (4 tasses) de chou vert frisé, haché

1. Dans une poêle, chauffer l'huile d'olive à feu moyen. Faire revenir les oignons environ 5 minutes, jusqu'à ce qu'ils soient tendres. Ajouter l'ail, le piment de la Jamaïque, le laurier, le zeste de citron et le poivre. Cuire 1 minute, en remuant. Transvider dans la cocotte de la mijoteuse et verser le bouillon de légumes.
2. Ajouter les pommes de terre et bien mélanger. Couvrir et cuire à basse température pendant 8 heures ou à température élevée pendant 4 heures, jusqu'à ce que les pommes de terre soient tendres. Retirer et jeter le piment de la Jamaïque et le laurier. Ajouter le paprika dissous et bien remuer. Ajouter le chou, un peu à la fois, et bien le submerger après chaque addition. Couvrir et cuire à température élevée pendant 20 minutes, jusqu'à ce que le chou soit tendre.
3. Réduire en purée à l'aide d'un mélangeur à main. (On peut aussi procéder par étapes à l'aide du robot de cuisine ou du mélangeur.) Servir immédiatement.

Préparation à l'avance

Faites l'étape 1. Couvrez et réfrigérez jusqu'à 2 jours. Quand vous serez prêt à cuire le plat, continuez selon les directives de la recette.

Soupe de lentilles rouges à la courge, au lait de coco et au cari

6 à 8 portions

Mijoteuse moyenne à grande de 4,5 à 6 litres (18 à 24 tasses)

CONVIENT AUX VÉGÉTALIENS
PEUT ÊTRE RÉDUITE DE MOITIÉ

J'aime faire cuire cette soupe assez longtemps jusqu'à ce que les lentilles fondent dans le bouillon. Si vous préférez des lentilles plus fermes, réduisez le temps de cuisson à 6 heures à basse température. Voilà un plat délicieux, légèrement exotique et réconfortant qui peut constituer un repas complet servi avec une salade.

Trucs

Pour obtenir un maximum de saveur, il est recommandé de griller et de moudre les graines de cumin et de coriandre vous-même. *Pour griller les graines de cumin et de coriandre:* Mettez les graines dans un poêlon sec à feu moyen et remuez environ 3 minutes, jusqu'à ce qu'un bon arôme se dégage. Réduisez-les immédiatement en poudre très fine à l'aide d'un moulin à épices ou d'un mortier et d'un pilon.

J'aime utiliser des dés de courge congelés pour faire cette recette. Une bonne façon de gagner du temps!

Si vous n'avez pas de chilis frais, ajoutez un peu de votre sauce aux piments préférée juste avant de servir.

Si vous réduisez cette recette de moitié, prenez une petite mijoteuse de 2,25 litres (9 tasses) environ.

1 c. à soupe d'huile d'olive ou d'huile de noix de coco
2 oignons, hachés finement
4 gousses d'ail, émincées
10 ml (2 c. à thé) de gingembre frais, émincé
1 c. à soupe de cumin moulu (voir Trucs)
10 ml (2 c. à thé) de coriandre moulue (voir Trucs)
5 ml (1 c. à thé) de sel
5 ml (1 c. à thé) de poivre noir concassé
250 ml (1 tasse) de lentilles rouges, rincées
1 boîte de 796 ml (28 oz) de tomates en dés avec leur jus
1 litre (4 tasses) de bouillon de légumes
500 ml (2 tasses) de courge d'hiver, en dés (ex.: courge musquée) (voir Trucs)
10 ml (2 c. à thé) de cari, dissous dans 2 c. à soupe de jus de citron fraîchement pressé
1 boîte de 400 ml (14 oz) de lait de coco
1 long chili rouge ou 2 chilis thaïs, épépinés et émincés (voir Trucs)
Fines tranches de citron (facultatif)
Coriandre fraîche, hachée finement (facultatif)

1. Dans une poêle, chauffer l'huile à feu moyen. Faire revenir les oignons environ 3 minutes, jusqu'à ce qu'ils soient tendres. Ajouter l'ail, le gingembre, le cumin, la coriandre, le sel et le poivre. Cuire 1 minute, en remuant. Ajouter les lentilles et bien les enrober en remuant. Ajouter les tomates et leur jus. Transvider dans la cocotte de la mijoteuse.
2. Ajouter le bouillon de légumes et les courges. Couvrir et cuire à basse température pendant 8 heures ou à température élevée pendant 4 heures, jusqu'à ce que les lentilles soient tendres.
3. Dans un petit bol, mélanger le cari avec environ 60 ml (¼ tasse) de lait de coco. Remuer jusqu'à dissolution et verser dans la soupe. Ajouter le lait de coco restant et les piments. Bien remuer, couvrir et cuire à température élevée pendant 15 minutes pour bien réchauffer le tout. Verser dans des bols et garnir de tranches de citron et de coriandre hachée, au goût.

Préparation à l'avance

Faites l'étape 1. Couvrez et réfrigérez jusqu'à 2 jours. Quand vous serez prêt à cuire le plat, continuez selon les directives de la recette.

Soupe à la courge musquée, aux pommes et au fromage

6 à 8 portions

IDÉAL POUR LES RÉCEPTIONS
PEUT ÊTRE RÉDUITE DE MOITIÉ

Cette soupe crémeuse est recouverte de fromage fondu. Servez-la avec une salade verte pour composer un repas léger ou comme entrée lors d'un repas plus consistant.

Trucs

Pour gagner du temps, vous pouvez acheter de la courge musquée précoupée ou des dés de courge congelés. Vous aurez besoin de 1,25 kg (2 ½ lb) ou 1,75 litre (7 tasses).

Si vous réduisez cette recette de moitié, prenez une petite mijoteuse de 2,25 litres (9 tasses) environ.

Mijoteuse moyenne à grande de 4 à 6 litres (16 à 24 tasses)
6 à 8 bols allant au four

1 c. à soupe d'huile d'olive
2 oignons, hachés
4 gousses d'ail, émincées
10 ml (2 c. à thé) de romarin séché émietté ou 1 c. à soupe de romarin frais haché
2 ml (½ c. à thé) de poivre noir concassé
1,25 litre (5 tasses) de bouillon de légumes
2 pommes acidulées (ex. : Granny Smith), pelées et hachées grossièrement
1 courge musquée (environ 1,25 kg/2 ½ lb), pelée et coupée en cubes de 2,5 cm (1 po) (voir Trucs)
Sel (facultatif)
250 ml (1 tasse) de fromage suisse, râpé en filaments
125 ml (½ tasse) de noix, hachées finement (facultatif)

1. Dans une poêle, chauffer l'huile d'olive à feu moyen. Faire revenir les oignons environ 3 minutes, jusqu'à ce qu'ils soient tendres. Ajouter l'ail, le romarin et le poivre. Cuire 1 minute, en remuant. Transvider dans la cocotte de la mijoteuse et incorporer le bouillon de légumes.
2. Ajouter les pommes et la courge. Couvrir et cuire à basse température pendant 6 heures ou à température élevée pendant 3 heures, jusqu'à ce que les cubes de courge soient tendres. Préchauffer le gril.
3. Réduire en purée à l'aide d'un mélangeur à main. (On peut aussi procéder par étapes à l'aide du robot de cuisine ou du mélangeur.) Saler au goût.
4. Verser la soupe dans les bols. Couvrir de fromage et passer sous le gril environ 2 minutes, jusqu'à ce qu'il soit fondu. (On peut aussi faire cette étape au micro-ondes en y mettant un bol à la fois à puissance maximale environ 1 minute.) Garnir de noix et servir immédiatement.

Préparation à l'avance

Faites l'étape 1. Couvrez et réfrigérez jusqu'à 2 jours. Quand vous serez prêt à cuire le plat, continuez selon les directives de la recette.

Soupe indienne épicée aux épinards

6 à 8 portions

CONVIENT AUX VÉGÉTALIENS
IDÉAL POUR LES RÉCEPTIONS
PEUT ÊTRE RÉDUITE DE MOITIÉ

Cette soupe succulente est naturellement crémeuse grâce aux lentilles et aux pommes de terre réduites en purée qui fondent dans le bouillon. Servez-la comme entrée ou comme élément d'un repas indien composé de mets différents. Je la sers aussi pour le repas du midi avec une tranche de pain de grains entiers.

Trucs

Si vous utilisez du bouillon de légumes du commerce, sachez que certaines marques sont très concentrées et ressemblent davantage à du jus de légumes qu'à du bouillon. Dans ce cas, diluez le bouillon avec une quantité pouvant aller jusqu'à 750 ml (3 tasses) de liquide, sinon le goût du bouillon prendra toute la place.

Si vous réduisez cette recette de moitié, prenez une petite mijoteuse de 2,25 litres (9 tasses) environ.

Mijoteuse moyenne à grande de 4 à 6 litres (16 à 24 tasses)

1 c. à soupe d'huile d'olive
2 poireaux (partie blanche avec un peu de vert), nettoyés et coupés en tranches (voir Trucs p. 47)
2 gousses d'ail, émincées
5 ml (1 c. à thé) de gingembre frais, émincé
10 ml (2 c. à thé) de cumin moulu (voir Trucs p. 41)
2 ml (½ c. à thé) de coriandre moulue (voir Trucs p. 41)
2 ml (½ c. à thé) de curcuma moulu
2 ml (½ c. à thé) de poivre noir concassé
2 ml (½ c. à thé) de sel
125 ml (½ tasse) de lentilles vertes ou brunes, rincées
1,5 litre (6 tasses) de bouillon de légumes (voir Trucs)
2 pommes de terre, épluchées et râpées
1 ml (¼ c. à thé) de piment de Cayenne, dissous dans 2 c. à soupe de jus de citron fraîchement pressé
1,5 litre (6 tasses) de feuilles d'épinards bien tassées (environ 2 bottes)
Crème 35 % ou succédané à base de soya

1. Dans une poêle, chauffer l'huile d'olive à feu moyen. Faire revenir les poireaux environ 5 minutes, jusqu'à ce qu'ils soient tendres. Ajouter l'ail, le gingembre, le cumin, la coriandre, le curcuma, le poivre et le sel. Cuire 1 minute en remuant. Ajouter les lentilles et bien remuer. Ajouter 500 ml (2 tasses) de bouillon de légumes et porter à ébullition. Transvider dans la cocotte de la mijoteuse.
2. Ajouter le bouillon restant et les pommes de terre. Bien remuer. Couvrir et cuire à basse température pendant 6 heures ou à température élevée pendant 3 heures, jusqu'à ce que les pommes de terre et les lentilles soient tendres.
3. Ajouter le piment de Cayenne dilué et bien remuer. Ajouter les épinards, quelques-uns à la fois, et bien les submerger après chaque addition. Couvrir et cuire à température élevée pendant 15 minutes, jusqu'à ce qu'ils soient tendres. Réduire en purée à l'aide d'un mélangeur à main. (On peut aussi procéder par étapes à l'aide d'un robot de cuisine ou d'un mélangeur.) Verser la soupe dans les bols et couvrir avec un peu de crème.

Préparation à l'avance

Faites l'étape 1. Couvrez et réfrigérez jusqu'à 2 jours. Quand vous serez prêt à cuire le plat, continuez selon les directives de la recette.

Soupe à l'oignon traditionnelle

6 portions

IDÉAL POUR LES RÉCEPTIONS

Quoi de meilleur qu'un bol de soupe à l'oignon recouvert de fromage bien doré pour affronter les soirées d'hiver? Il faut habituellement presque une heure de travail pour bien caraméliser les oignons à la poêle. Fort heureusement, la mijoteuse peut faire une grande partie du travail pour vous.

Truc

Si vous avez peu de temps pour cuisiner, omettez l'étape 1 et faites attendrir les oignons sur la cuisinière. Chauffez le beurre dans une grande poêle à feu moyen et faites revenir les oignons environ 10 minutes pour les attendrir. Transvidez-les ensuite dans la cocotte de la mijoteuse et passez directement à l'étape 2.

Mijoteuse moyenne à grande de 4 à 6 litres (16 à 24 tasses)
6 bols à soupe allant au four

10 oignons, coupés en tranches fines sur la hauteur
2 c. à soupe de beurre, fondu
1 c. à soupe de sucre
2 litres (8 tasses) de Bouillon de légumes amélioré (voir encadré p. 49)
2 c. à soupe de brandy ou de cognac
5 ml (1 c. à thé) de sel
5 ml (1 c. à thé) de poivre noir concassé
12 tranches de baguette de 1,25 cm (½ po) d'épaisseur environ
500 ml (2 tasses) de fromage suisse ou gruyère, râpé en filaments

1. Dans la cocotte de la mijoteuse, bien mélanger les oignons et le beurre. Couvrir et cuire à température élevée pendant 1 heure, jusqu'à ce que les oignons soient tendres.
2. Ajouter le sucre et bien remuer. Mettre un linge propre plié en deux sur le dessus de la mijoteuse pour absorber l'humidité. Couvrir et cuire à température élevée pendant 4 heures, en remuant deux ou trois fois afin que les oignons dorent uniformément (remettre le linge en place chaque fois).
3. Ajouter le bouillon, le brandy, le sel et le poivre. Bien remuer. Retirer le linge, couvrir et cuire à température élevée pendant 2 heures.
4. Préchauffer le gril. Verser la soupe dans les bols. Mettre 2 tranches de pain dans chaque bol. Couvrir généreusement de fromage et passer sous le gril de 2 à 3 minutes, jusqu'à ce que le dessus soit doré et bouillonnant. Servir immédiatement.

Préparation à l'avance

Faites les étapes 1 et 2. Couvrez et réfrigérez les oignons jusqu'à 2 jours. Quand vous serez prêt à cuire le plat, continuez selon les directives de la recette, en ajoutant 1 heure de cuisson à l'étape 3.

Soupe crémeuse aux artichauts

6 à 8 portions

CONVIENT AUX VÉGÉTALIENS
IDÉAL POUR LES RÉCEPTIONS
PEUT ÊTRE RÉDUITE DE MOITIÉ

Voici une variante de la traditionnelle soupe aux poireaux et aux pommes de terre. Les artichauts lui donnent beaucoup de consistance et de saveur, tandis que la touche de citron et de parmesan, agrémentée d'un soupçon de paprika, saura raviver vos papilles.

Trucs

J'utilise une quantité égale de paprika doux et de paprika piquant dans cette recette. Si vous aimez le paprika fumé, mettez-en 5 ml (1 c. à thé) avec la même quantité de paprika doux.

Vous pouvez utiliser des artichauts décongelés; il faut alors en compter une bonne douzaine.

Si vous réduisez cette recette de moitié, prenez une petite mijoteuse de 2,25 litres (9 tasses) environ.

Mijoteuse moyenne à grande de 4 à 6 litres (16 à 24 tasses)

1 c. à soupe d'huile
3 poireaux (partie blanche avec un peu de vert), nettoyés et coupés en tranches (voir Trucs p. 49)
4 gousses d'ail, émincées
5 ml (1 c. à thé) de sel (facultatif)
2 ml (½ c. à thé) de poivre noir concassé
1,5 litre (6 tasses) de bouillon de légumes ou de bouillon de champignons
2 boîtes de 398 ml (14 oz) de cœurs d'artichauts, égouttés (voir Trucs)
2 pommes de terre, épluchées et râpées
10 ml (2 c. à thé) de paprika, dissous dans 2 c. à soupe de jus de citron fraîchement pressé (voir Trucs)
250 ml (1 tasse) de parmesan fraîchement râpé ou d'un succédané végétalien
Persil ou ciboulette, haché finement

1. Dans une poêle, chauffer l'huile à feu moyen. Faire revenir les poireaux environ 5 minutes, jusqu'à ce qu'ils soient tendres. Ajouter l'ail, le sel et le poivre. Cuire 1 minute en remuant. Ajouter 500 ml (2 tasses) de bouillon de légumes et bien remuer. Transvider dans la cocotte de la mijoteuse.
2. Ajouter le bouillon restant, les artichauts et les pommes de terre. Bien remuer. Couvrir et cuire à basse température pendant 6 heures ou à température élevée pendant 3 heures. Réduire en purée à l'aide d'un mélangeur à main. (On peut aussi procéder par étapes à l'aide d'un robot de cuisine ou d'un mélangeur et verser ensuite la purée dans la mijoteuse.)
3. Ajouter le paprika dilué et le parmesan. Bien remuer. Verser dans des bols et garnir de persil.

Préparation à l'avance

Faites l'étape 1. Couvrez et réfrigérez jusqu'à 2 jours. Quand vous serez prêt à cuire le plat, continuez selon les directives de la recette.

Soupe aux poireaux et au cheddar

4 à 6 portions comme repas léger ; 8 portions comme entrée

IDÉAL POUR LES RÉCEPTIONS
PEUT ÊTRE RÉDUITE DE MOITIÉ

Voici de quoi régaler les vôtres pendant le week-end. Servez cette soupe avec une salade ou offrez-la comme entrée. Pour obtenir un plat plus raffiné, prenez le temps de réduire la préparation en purée avant d'ajouter la crème et le fromage.

Trucs

Utilisez le Bouillon de légumes amélioré afin d'obtenir un meilleur résultat.

Si vous réduisez cette recette de moitié, prenez une petite mijoteuse de 2,25 litres (9 tasses) environ.

Mijoteuse moyenne à grande de 4 à 6 litres (16 à 24 tasses)

1 c. à soupe de beurre
2 poireaux (partie blanche avec un peu de vert), nettoyés et coupés en tranches (voir Trucs p. 49)
2 carottes, hachées finement
3 tiges de céleri, pelées et hachées finement
2 c. à soupe de farine tout usage
5 ml (1 c. à thé) de moutarde sèche
2 ml (½ c. à thé) de sel
2 ml (½ c. à thé) de poivre noir du moulin
1,25 litre (5 tasses) de Bouillon de légumes amélioré (voir encadré p. 49)
1 c. à soupe de pâte de tomate
1 feuille de laurier
125 ml (½ tasse) de crème 35 %
750 ml (3 tasses) de cheddar, râpé en filaments
Sauce piquante aux piments, au goût (facultatif)

1. Dans une grande poêle, faire fondre le beurre à feu moyen. Ajouter les poireaux, les carottes et le céleri. Régler la température à feu doux, couvrir et cuire environ 10 minutes, jusqu'à ce que les légumes soient tendres. Ajouter la farine, la moutarde, le sel et le poivre. Cuire 1 minute, en remuant. Ajouter le bouillon de légumes, la pâte de tomate et le laurier et cuire jusqu'à léger épaississement. Transvider dans la cocotte de la mijoteuse.
2. Couvrir et cuire à basse température pendant 6 heures ou à température élevée pendant 3 heures. Retirer et jeter la feuille de laurier. Réduire en purée à l'aide d'un mélangeur à main. (On peut aussi transvider les solides plus 250 ml (1 tasse) de liquide dans le bol d'un robot de cuisine ou d'un mélangeur. Réduire jusqu'à consistance lisse et remettre le tout dans la mijoteuse.)
3. Ajouter la crème et le fromage. Couvrir et cuire à température élevée pendant 15 minutes, jusqu'à ce que le fromage soit fondu et bouillonnant. Verser dans des bols individuels et passer la sauce piquante à table.

Préparation à l'avance

Faites l'étape 1. Couvrez et réfrigérez jusqu'à 2 jours. Quand vous serez prêt à cuire le plat, continuez selon les directives de la recette.

Pain aux pommes et aux canneberges, page 20

Céréales multigrains chaudes, page 23

Gâteau au fromage à l'aneth et aux tomates séchées, page 26

Trempette de haricots noirs à la salsa, page 27

Croûtons aux champignons et à l'ail rôti, page 31

Soupe aux tomates et au riz sauvage au parfum de fenouil, page 37

Harira, page 39

Soupe à l'oignon crémeuse au chou vert frisé, page 42

Soupe aux poireaux et aux patates douces du Nouveau Monde

8 portions

CONVIENT AUX VÉGÉTALIENS
IDÉAL POUR LES RÉCEPTIONS
PEUT ÊTRE RÉDUITE DE MOITIÉ

C'est Christophe Colomb qui a introduit les patates douces et les piments en Europe à la suite de ses voyages en Amérique. Servez une petite quantité de cette soupe comme prélude à un repas de fête ou faites-en un repas du soir léger avec du pain de grains entiers et une salade verte.

Trucs

Vous pouvez utiliser 1 poivron vert et 1 poivron rouge.

Pour nettoyer les poireaux: Remplissez un grand bol d'eau tiède. Coupez les poireaux tel qu'indiqué dans la recette et mettez-les dans l'eau en les remuant bien afin de les débarrasser de toute impureté. Rincez-les ensuite à l'eau froide dans une passoire.

Si vous réduisez cette recette de moitié, prenez une petite mijoteuse de 2,25 litres (9 tasses) environ.

Mijoteuse moyenne à grande de 4 à 6 litres (16 à 24 tasses)

1 c. à soupe d'huile d'olive
4 gros poireaux (partie blanche avec un peu de vert), nettoyés et coupés en tranches fines (voir Trucs)
4 gousses d'ail, émincées
1 c. à soupe de cumin moulu (voir Trucs p. 41)
2 ml (½ c. à thé) de poivre noir concassé
1,5 litre (6 tasses) de bouillon de légumes
3 patates douces moyennes (environ 1 kg/2 lb), épluchées et coupées en cubes de 2,5 cm (1 po)
2 poivrons verts, en dés (voir Trucs)
1 long chili rouge, émincé (facultatif)
Sel (facultatif)
125 ml (½ tasse) de crème 35 % ou de succédané à base de soya
Lanières de poivron rouge rôti (facultatif)
Ciboulette fraîche, ciselée finement

1. Dans une grande poêle, chauffer l'huile d'olive à feu moyen. Faire revenir les poireaux environ 5 minutes, jusqu'à ce qu'ils soient tendres. Ajouter l'ail, le cumin et le poivre. Cuire 1 minute, en remuant. Ajouter 500 ml (2 tasses) de bouillon de légumes et bien remuer. Transvider dans la cocotte de la mijoteuse.
2. Ajouter le bouillon restant et les patates douces. Couvrir et cuire à basse température pendant 6 heures ou à température élevée pendant 3 heures, jusqu'à ce que les patates soient tendres. Ajouter les poivrons et les piments. Couvrir et cuire à température élevée pendant 20 minutes, jusqu'à ce qu'ils soient tendres. Saler au goût.
3. Réduire en purée à l'aide d'un mélangeur à main. (On peut aussi procéder par étapes à l'aide d'un robot de cuisine ou d'un mélangeur.) Verser la soupe dans les bols, couvrir avec un peu de crème, puis garnir de lanières de poivron et de ciboulette.

Préparation à l'avance

Faites l'étape 1. Couvrez et réfrigérez jusqu'à 2 jours. Quand vous serez prêt à cuire le plat, continuez selon les directives de la recette.

Bortch à la citronnelle et au citron vert

6 portions

CONVIENT AUX VÉGÉTALIENS
IDÉAL POUR LES RÉCEPTIONS
PEUT ÊTRE RÉDUITE DE MOITIÉ

Cette soupe d'inspiration thaïlandaise est raffinée et rafraîchissante. Ses saveurs exotiques et sa couleur vive en font un prélude parfait à n'importe quel repas. J'aime la servir dans mon jardin pendant l'été.

Trucs

J'utilise souvent de l'huile de noix de coco pour préparer ce bortch, puisqu'elle lui donne un léger goût de noisette fort agréable, qui se marie bien aux saveurs de la cuisine thaïe.

Si vous réduisez cette recette de moitié, prenez une petite mijoteuse de 2,25 litres (9 tasses) environ.

Mijoteuse moyenne à grande de 4 à 6 litres (16 à 24 tasses)

1 c. à soupe d'huile d'olive extravierge ou d'huile de noix de coco (voir Trucs)
1 oignon, haché
4 gousses d'ail, émincées
2 tiges de citronnelle, parées, écrasées et coupées en deux en biais
2 c. à soupe de gingembre frais, émincé
10 ml (2 c. à thé) de poivre noir concassé
1,5 litre (6 tasses) de bouillon de légumes
6 betteraves (environ 1,25 kg/2 ½ lb), épluchées et hachées
1 poivron rouge, en dés
1 long chili rouge, épépiné et coupé en dés (facultatif)
Le zeste râpé et le jus d'un citron vert
Sel (facultatif)
Crème de noix de coco (facultatif)
Coriandre fraîche, hachée finement

1. Dans une grande poêle, chauffer l'huile à feu moyen. Faire revenir les oignons environ 3 minutes, jusqu'à ce qu'ils soient tendres. Ajouter l'ail, la citronnelle, le gingembre et le poivre. Cuire 1 minute, en remuant. Ajouter 500 ml (2 tasses) de bouillon de légumes et bien remuer. Transvider dans la cocotte de la mijoteuse.
2. Ajouter le bouillon restant et les betteraves. Couvrir et cuire à basse température pendant 8 heures ou à température élevée pendant 4 heures, jusqu'à ce que les betteraves soient tendres. Ajouter les poivrons et les piments. Couvrir et cuire à température élevée pendant 30 minutes, jusqu'à ce que les poivrons soient tendres. Retirer et jeter la citronnelle.
3. Réduire en purée à l'aide d'un mélangeur à main. (On peut aussi procéder par étapes à l'aide d'un robot de cuisine ou d'un mélangeur.) Verser le bortch dans un grand bol et incorporer le zeste et le jus de citron vert. Saler, au goût. Couvrir et laisser refroidir complètement au réfrigérateur, de préférence toute la nuit.
4. Verser dans des bols, napper de crème de noix de coco et garnir de coriandre fraîche.

Préparation à l'avance

Je vous recommande de préparer cette soupe la veille afin de pouvoir la laisser refroidir toute la nuit au réfrigérateur.

Bouillon de légumes

Environ 2 litres (8 tasses)

CONVIENT AUX VÉGÉTALIENS
PEUT ÊTRE RÉDUITE DE MOITIÉ

Ce bouillon léger ne masquera pas le goût des légumes que vous utiliserez dans vos recettes. Si vous préférez un goût plus corsé, une fois que vous aurez filtré le bouillon, versez-le dans une casserole et laissez-le mijoter à découvert pendant 30 minutes jusqu'à ce qu'il réduise du tiers. Vous pouvez aussi préparer un Bouillon de légumes grillés ou un Bouillon de légumes amélioré (voir recettes dans cette page).

Trucs

Il y a peu de règles concernant les légumes qui devraient être utilisés dans la préparation d'un bon bouillon. La confection d'un bouillon permet d'utiliser intelligemment certaines parties des légumes que l'on jette souvent, comme la partie verte des poireaux ou des oignons verts, qui remplace à merveille les oignons, ou encore les pieds de champignon, qui ajoutent beaucoup de saveur au liquide. Les légumes doivent toutefois être en bonne condition. Ne prenez jamais ceux qui sont flétris. Il est important de ne pas utiliser les légumes de la famille des Brassicacées (brocoli, chou, navet, etc.), car leur goût masquerait celui des autres ingrédients.

Si vous réduisez cette recette de moitié, prenez une petite mijoteuse de 2,25 litres (9 tasses) environ.

Grande mijoteuse de 6 litres (24 tasses)

2 litres (8 tasses) d'eau
4 tiges de céleri, hachées grossièrement
4 carottes, brossées et hachées grossièrement
2 oignons, hachés grossièrement
2 gousses d'ail
4 brins de persil
2 feuilles de laurier
2 ml (½ c. à thé) de sel
8 grains de poivre noir

1. Mélanger tous les ingrédients dans la cocotte de la mijoteuse. Couvrir et cuire à basse température pendant 8 heures ou à température élevée pendant 4 heures. Filtrer dans une passoire et jeter les solides. Couvrir et réfrigérer jusqu'à 5 jours ou congeler dans un contenant hermétique.

VARIANTE

Bouillon de légumes grillés : Préchauffer le four à 220 °C (425 °F). Dans un bol, verser 1 c. à soupe d'huile d'olive et y mélanger le céleri, les carottes, les oignons et l'ail. Étaler les légumes sur une plaque à pâtisserie et faire rôtir au four pendant 20 minutes en les retournant trois ou quatre fois jusqu'à ce qu'ils soient bien dorés. Les mettre ensuite dans la cocotte de la mijoteuse, ajouter les autres ingrédients et faire la recette selon les directives.

Bouillon de légumes amélioré

Pour rehausser 2 litres (8 tasses) de bouillon de légumes de base, mélanger dans une grande casserole, à feu moyen, 2 carottes pelées et hachées grossièrement, 1 c. à soupe de pâte de tomate, 5 ml (1 c. à thé) de graines de céleri, 5 ml (1 c. à thé) de poivre noir concassé, 2 ml (½ c. à thé) de thym séché, 4 brins de persil frais, 1 feuille de laurier et 250 ml (1 tasse) de vin blanc sec. Porter à ébullition, baisser le feu au minimum et laisser mijoter 30 minutes. Filtrer dans une passoire et jeter les solides.

Plats salés

Fondue au fromage et à la bière

6 portions

IDÉAL POUR LES RÉCEPTIONS

Cette fondue au fromage est réservée aux adultes, car elle contient de la bière. Servez-la en entrée lorsque vous avez des invités ou comme repas du midi léger sur des rôties.

Truc

Vous pouvez remplacer la moutarde sèche par 1 c. à soupe de moutarde de Dijon.

Petite mijoteuse d'au plus 4 litres (16 tasses)
Fourchettes à fondue

250 g (8 oz) de cheddar fort, râpé en filaments
250 ml (1 tasse) de bière
2 jaunes d'œufs, battus
1 ml (¼ c. à thé) de moutarde sèche (voir Truc)
1 c. à soupe de sauce chili aux tomates
5 ml (1 c. à thé) de cassonade bien tassée
Une pincée de piment de Cayenne
Pain blanc, sans croûte, coupé en cubes de 2,5 cm (1 po) et légèrement grillé sous le gril

1. Dans la cocotte de la mijoteuse, mélanger le fromage et la bière. Couvrir et cuire à température élevée pendant 30 minutes, jusqu'à ce que le fromage soit fondu.
2. Dans un bol, à l'aide d'un fouet, bien mélanger les jaunes d'œufs, la moutarde, la sauce chili, la cassonade et le piment de Cayenne. Verser dans la mijoteuse et remuer jusqu'à épaississement.
3. Piquer des morceaux de pain sur les fourchettes à fondue et les tremper dans le fromage fondu. Servir dans des assiettes ou sur des serviettes en papier.

VARIANTE

Pour une saveur légèrement différente, on peut remplacer la sauce chili par du miso foncé.

Fondue italienne crémeuse

6 à 8 portions

IDÉAL POUR LES RÉCEPTIONS

Cette fondue est une spécialité piémontaise. Je la sers avec des morceaux de focaccia, mais on peut aussi prendre n'importe quel pain blanc croûté. On peut également servir cette sauce sur des tranches de polenta grillées que l'on dégustera comme hors-d'œuvre à l'aide de fourchettes.

Trucs

J'utilise toujours du beurre non salé, car je préfère son goût et cela me permet de mieux contrôler ma consommation de sel.

Cette fondue ne requérant pas une longue cuisson, j'utilise le presse-ail plutôt que d'émincer la gousse. La saveur de l'ail s'intègre ainsi beaucoup mieux à celle du fromage. Si vous n'avez pas de presse-ail, émincez la gousse tout simplement.

Petite mijoteuse d'au plus 4 litres (16 tasses)
Fourchettes à fondue

750 ml (3 tasses) de fromage fontina, râpé en filaments
175 ml (¾ tasse) de crème 10 %
1 c. à soupe de beurre, fondu (voir Trucs)
½ petite gousse d'ail, passée au presse-ail (voir Trucs)
2 jaunes d'œufs
2 c. à soupe de lait chaud
1 ml (¼ c. à thé) de poivre noir du moulin
Morceaux de pain croûté

1. Dans la cocotte de la mijoteuse, mélanger le fromage et la crème. Couvrir et cuire à basse température pendant 1 heure. Régler la mijoteuse à température élevée.
2. Dans un petit bol, mélanger le beurre et l'ail. Verser dans la mijoteuse et bien remuer jusqu'à ce que le fromage soit complètement fondu.
3. Dans un bol, battre les jaunes d'œufs avec le lait chaud. Ajouter le fromage et bien mélanger. Poivrer et remuer.
4. Piquer des morceaux de pain sur les fourchettes à fondue et les tremper dans la fondue. Servir dans des assiettes ou sur des serviettes en papier.

Quiche aux oignons caramélisés

4 à 6 portions

IDÉAL POUR LES RÉCEPTIONS

Faites caraméliser les oignons à l'avance afin de pouvoir servir cette quiche au brunch du dimanche. Une salade verte ou des tranches de tomate l'accompagneront à merveille.

Truc

J'utilise toujours du beurre non salé, car je préfère son goût et cela me permet de mieux contrôler ma consommation de sel.

Préparation à l'avance

Faites les étapes 1 et 2. Couvrez et réfrigérez les oignons jusqu'à 2 jours. Quand vous serez prêt à cuire le plat, continuez selon les directives de la recette.

Moule à soufflé ou plat de cuisson de 1,5 litre (6 tasses), tapissé de papier d'aluminium résistant graissé
Grande mijoteuse ovale d'au moins 6 litres (24 tasses)

Croûte

150 ml (⅔ tasse) de miettes de craquelins au fromage
2 c. à soupe de beurre, fondu (voir Truc)

Garniture

4 oignons, en tranches fines
2 c. à soupe de beurre, fondu
5 ml (1 c. à thé) de thym séché
5 ml (1 c. à thé) de poivre noir concassé
5 ml (1 c. à thé) de paprika ou 1 ml (¼ c. à thé) de piment de Cayenne (facultatif)
2 ml (½ c. à thé) de sel
3 œufs
250 ml (1 tasse) de crème 35 %
125 ml (½ tasse) de parmesan fraîchement râpé

1. *Croûte:* Dans un bol, mélanger les miettes de craquelins et le beurre. Presser le tout au fond du moule et congeler jusqu'au moment de l'utilisation.
2. *Garniture:* Dans la cocotte de la mijoteuse, mélanger les oignons et le beurre. Bien remuer pour enrober parfaitement les oignons. Mettre un linge propre plié en deux sur le dessus de la mijoteuse pour absorber l'humidité. Couvrir et cuire à température élevée pendant 5 heures en remuant deux ou trois fois afin que les oignons dorent uniformément (remettre le linge en place chaque fois). Lorsque les oignons sont bien caramélisés, ajouter le thym, le poivre, le paprika et le sel. Réserver.
3. Battre les œufs dans un bol. Ajouter la crème et fouetter jusqu'à consistance lisse. Incorporer le parmesan et les oignons. Verser dans la croûte refroidie. Couvrir entièrement le moule de papier d'aluminium et le fixer à l'aide d'une ficelle. Mettre le moule dans la cocotte de la mijoteuse propre et verser de l'eau bouillante qui montera à 2,5 cm (1 po) tout autour.
4. Couvrir et cuire à température élevée de 3 à 4 heures, jusqu'à ce qu'une brochette insérée au centre en ressorte propre. Servir immédiatement.

Quiche aux tomates et aux épinards

4 à 6 portions

IDÉAL POUR LES RÉCEPTIONS

Cette quiche n'a rien de traditionnel, puisque le fond est composé de miettes de craquelins. La garniture à la crème est facile à préparer et très savoureuse. Servez cette quiche avec une salade verte pour le brunch, le repas du midi ou le soir, comme repas léger.

Truc

J'utilise toujours du beurre non salé, car je préfère son goût et cela me permet de mieux contrôler ma consommation de sel.

Moule à soufflé ou plat de cuisson de 1,5 litre (6 tasses), tapissé de papier d'aluminium résistant graissé
Grande mijoteuse ovale d'au moins 6 litres (24 tasses)
Robot de cuisine

Croûte

250 ml (1 tasse) de miettes de craquelins
2 c. à soupe de beurre, fondu (voir Truc)

Garniture

3 œufs
250 ml (1 tasse) de crème 35 %
500 ml (2 tasses) d'épinards miniatures bien tassés
1 boîte de 398 ml (14 oz) de tomates en dés avec leur jus
125 ml (½ tasse) de parmesan fraîchement râpé
75 ml (⅓ tasse) d'échalotes, hachées finement

1. *Croûte:* Dans un bol, mélanger les miettes de craquelins et le beurre. Presser le tout au fond du moule et congeler jusqu'au moment de l'utilisation.
2. *Garniture:* À l'aide du robot de cuisine, bien mélanger les œufs et la crème. Ajouter les épinards, les tomates et leur jus, le parmesan et les échalotes. Faire fonctionner l'appareil jusqu'à ce que les épinards soient hachés et que le tout soit bien mélangé. Verser dans la croûte refroidie. Couvrir entièrement le moule de papier d'aluminium et le fixer à l'aide d'une ficelle. Mettre le moule dans la cocotte de la mijoteuse et verser de l'eau bouillante qui montera à 2,5 cm (1 po) tout autour.
3. Couvrir et cuire à température élevée de 3 à 4 heures, jusqu'à ce qu'une brochette insérée au centre en ressorte propre. Laisser refroidir un peu et servir chaud.

Préparation à l'avance

Faites l'étape 1. Couvrez et congelez la croûte jusqu'à 2 jours. Quand vous serez prêt à cuire le plat, continuez selon les directives de la recette.

Strata au cheddar et aux épinards

8 portions

IDÉAL POUR LES RÉCEPTIONS

Le mélange d'épinards, d'oignons doux et de cheddar est inégalable! Voici un plat idéal pour le brunch, le repas du midi ou celui du soir. Accompagnez la strata d'une simple salade.

Trucs

Faites tremper le pain dans un grand bol parce qu'il devient plus condensé en absorbant le liquide. Il entrera ensuite sans difficulté dans le moule.

Achetez du cheddar fort pour faire cette recette. Le goût du cheddar doux s'efface devant le goût franc des épinards, des oignons et de la moutarde.

Moule à soufflé ou plat de cuisson de 2 litres (8 tasses), légèrement graissé
Grande mijoteuse ovale d'au moins 6 litres (24 tasses)

Environ 60 ml (¼ tasse) de beurre, ramolli
3 tranches de pain de la veille de 2,5 cm (1 po) d'épaisseur, préférablement de blé entier
1 litre (4 tasses) d'épinards miniatures
½ gros oignon doux (ex.: Vidalia), coupé en tranches fines sur la hauteur
500 ml (2 tasses) de cheddar, râpé en filaments (voir Trucs)
4 œufs, battus
2 c. à soupe de moutarde de Dijon
5 ml (1 c. à thé) de sel
5 ml (1 c. à thé) de poivre noir concassé
1 ml (¼ c. à thé) de piment de Cayenne
1 boîte de 370 ml (12 oz) de lait concentré

1. Beurrer le pain des deux côtés avant de le couper en cubes de 2,5 cm (1 po). Mettre dans un grand bol avec les épinards, les oignons et 375 ml (1 ½ tasse) de fromage et bien remuer. Couvrir et réfrigérer le fromage restant jusqu'au moment de l'utilisation.
2. Dans un autre bol, battre les œufs, la moutarde, le sel, le poivre et le piment de Cayenne. Incorporer le lait. Verser sur le pain et bien mélanger. Couvrir de pellicule plastique et, avec les mains, pousser le pain vers le fond afin qu'il soit parfaitement recouvert de liquide. Réfrigérer pendant 2 heures ou toute la nuit en poussant le pain vers le fond une ou deux fois pendant cette période.
3. Mettre la préparation dans le moule. Couvrir de papier d'aluminium et le fixer à l'aide d'une ficelle. Mettre le moule dans la cocotte de la mijoteuse et verser de l'eau bouillante qui montera à 2,5 cm (1 po) tout autour. Couvrir et cuire à température élevée de 3 à 4 heures, jusqu'à ce que la strata soit gonflée.
4. Préchauffer le gril. Retirer le papier et saupoudrer le fromage restant uniformément sur le dessus de la strata. Passer sous le gril jusqu'à ce que le cheddar soit fondu et bien doré.

Préparation à l'avance

Faites les étapes 1 et 2. Couvrez et réfrigérez toute la nuit. Quand vous serez prêt à cuire le plat, continuez selon les directives de la recette.

Strata aux artichauts, aux tomates séchées et au fromage de chèvre

8 portions

IDÉAL POUR LES RÉCEPTIONS

Ce plat est idéal pour le brunch, puisqu'on peut l'assembler la veille et le mettre dans la mijoteuse le matin venu. Les artichauts procurent une pointe d'acidité qui se marie bien avec les tomates séchées. Je sers cette strata avec une salade verte rehaussée d'une vinaigrette à l'huile de noix et parsemée de noix grillées. Voilà une façon agréable d'ajouter des acides gras oméga-3 à votre repas.

Trucs

Pour griller les cubes de pain : Mettez les cubes sur une plaque à pâtisserie de 5 à 7 minutes à 160 °C (325 °F) et remuer deux fois en cours de cuisson. Si le pain est très frais, il séchera sans griller, ce qui convient aussi.

Pour obtenir un meilleur résultat, prenez du pain légèrement rassis. Le volume de la strata variera selon la qualité du pain. Si le pain est dense (ce qui est bien), le volume sera plus grand. Si vous avez trop de pain pour la grosseur de votre moule, retirez le surplus (ce ne sera pas une grande quantité). Le fait de laisser tremper le pain pendant la nuit lui permet de devenir plus condensé au fur et à mesure qu'il absorbe le liquide.

Si vous aimez les tomates séchées, n'hésitez pas à en mettre un peu plus que la quantité indiquée.

Moule à soufflé ou plat de cuisson de 2 litres (8 tasses), légèrement graissé
Grande mijoteuse ovale d'au moins 6 litres (24 tasses)

2 litres (8 tasses) de pain au levain ou de pain de blé entier, coupé en cubes de 1,2 cm (½ po) et grillé (voir Trucs)
2 oignons verts (partie blanche avec un peu de vert), coupés en tranches
4 à 6 tomates séchées conservées dans l'huile d'olive, égouttées et hachées finement (voir Trucs)
1 boîte de 398 ml (14 oz) de cœurs d'artichauts, égouttés et hachés
250 g (8 oz) de fromage de chèvre mou, émietté
4 œufs
500 ml (2 tasses) de lait concentré
5 ml (1 c. à thé) de sel
2 ml (½ c. à thé) de poivre noir concassé

1. Dans un grand bol, bien mélanger le pain, les oignons verts, les tomates séchées, les artichauts et la moitié du fromage. Couvrir et réfrigérer le fromage restant jusqu'au moment de l'utilisation.
2. Dans un autre bol, battre les œufs, le lait, le sel et le poivre. Verser sur la préparation au pain et bien mélanger. Couvrir de pellicule plastique et, avec les mains, pousser le pain vers le fond afin qu'il soit parfaitement recouvert de liquide. Réfrigérer pendant au moins 2 heures ou toute la nuit en poussant le pain vers le fond une ou deux fois pendant cette période.
3. Mettre la préparation dans le moule. Couvrir de papier d'aluminium et le fixer à l'aide d'une ficelle. Mettre le moule dans la cocotte de la mijoteuse et verser de l'eau bouillante qui montera à 2,5 cm (1 po) tout autour. Couvrir et cuire à température élevée pendant 3 heures, jusqu'à ce que la strata soit gonflée.
4. Préchauffer le gril. Retirer le papier et saupoudrer uniformément la strata du fromage restant. Passer sous le gril jusqu'à ce que le fromage soit fondu et bien doré. Laisser refroidir un peu avant de servir.

Préparation à l'avance

Faites les étapes 1 et 2. Couvrez et réfrigérez toute la nuit. Quand vous serez prêt à cuire le plat, continuez selon les directives de la recette.

Strata aux tomates et aux olives

8 portions

IDÉAL POUR LES RÉCEPTIONS

Malgré la présence de fontina, cette recette offre des saveurs très provençales. Servez cette strata avec une salade et vous obtiendrez un délicieux repas pour le brunch, le repas du midi ou celui du soir.

Trucs

Avant d'ajouter les tomates, retirez 125 ml (½ tasse) de leur jus et réservez-le pour un autre usage.

Si vous ne trouvez pas de pain aux olives, achetez du pain de campagne et ajoutez 60 ml (¼ tasse) d'olives noires dénoyautées et hachées en même temps que les tomates séchées. Réduisez alors la quantité de sel à 2 ml (½ c. à thé).

Pour obtenir un meilleur résultat, prenez du pain légèrement rassis. Le volume de la strata variera selon la qualité du pain. Si le pain est dense (ce qui est bien), le volume sera plus grand. Si vous en avez trop pour la grosseur de votre moule, retirez le surplus (ce ne sera pas une grande quantité). Le fait de laisser tremper le pain pendant la nuit lui permet de devenir plus condensé au fur et à mesure qu'il absorbe le liquide.

Moule à soufflé ou plat de cuisson de 2 litres (8 tasses), légèrement graissé
Grande mijoteuse ovale d'au moins 6 litres (24 tasses)

Environ 60 ml (¼ tasse) de beurre, ramolli
3 tranches de pain aux olives de 2,5 cm (1 po) d'épaisseur (voir Trucs)
60 ml (¼ tasse) de thym ou de persil frais, haché finement
2 c. à soupe de tomates séchées, réhydratées et hachées finement
3 œufs
2 jaunes d'œufs
250 ml (1 tasse) de lait concentré
5 ml (1 c. à thé) de sel
5 ml (1 c. à thé) de poivre noir concassé
1 boîte de 796 ml (28 oz) de tomates en dés avec leur jus (sauf 125 ml/ ½ tasse ; voir Trucs)
500 ml (2 tasses) de fromage fontina, râpé en filaments

1. Beurrer le pain des deux côtés avant de le couper en cubes de 2,5 cm (1 po). Mettre dans un grand bol (voir Trucs p. 56) avec le thym et les tomates séchées. Bien remuer.
2. Dans un autre bol, battre les œufs, les jaunes d'œufs, le lait, le sel et le poivre. Incorporer les tomates et leur jus, puis incorporer 375 ml (1 ½ tasse) de fontina. Couvrir le fromage restant et le réfrigérer jusqu'au moment de l'utilisation. Verser les œufs sur le pain et bien mélanger. Couvrir de pellicule plastique et, avec les mains, pousser le pain vers le fond afin qu'il soit parfaitement recouvert de liquide. Réfrigérer pendant au moins 2 heures ou toute la nuit en poussant le pain vers le fond une ou deux fois pendant cette période.
3. Mettre la préparation dans le moule. Couvrir de papier d'aluminium et le fixer à l'aide d'une ficelle. Mettre le moule dans la cocotte de la mijoteuse et verser de l'eau bouillante qui montera à 2,5 cm (1 po) tout autour. Couvrir et cuire à température élevée de 3 à 4 heures, jusqu'à ce que la strata soit gonflée.
4. Préchauffer le gril. Retirer le papier et saupoudrer uniformément la strata du fromage restant. Passer sous le gril jusqu'à ce que la fontina soit fondue et bien dorée.

Préparation à l'avance

Faites les étapes 1 et 2. Couvrez et réfrigérez toute la nuit. Quand vous serez prêt à cuire le plat, continuez selon les directives de la recette.

Croûte au cheddar, aux épinards et aux tomates séchées

4 à 6 portions

Ce mets, semblable à une quiche, est riche, dense et délicieux. Il suffit d'un petit morceau pour être comblé. Servez-le avec une salade de laitue et d'oignons verts rehaussée de carottes râpées et de persil haché pour augmenter la valeur nutritive de votre repas.

Trucs

Si vous utilisez un moule à charnière, assurez-vous que l'eau ne s'infiltre pas dans la croûte. Enveloppez le fond du moule dans un grand morceau de papier d'aluminium tout d'une pièce qui s'étend sur les côtés et sur le dessus du moule. Couvrez ensuite le dessus d'un seul morceau de papier d'aluminium qui descend sur les côtés, puis fixez le tout avec de la ficelle.

J'utilise toujours du beurre non salé, car je préfère son goût et cela me permet de mieux contrôler ma consommation de sel.

Moule à soufflé de 18 cm (7 po) d'une capacité de 1,5 litre (6 tasses) tapissé de papier d'aluminium résistant graissé ou moule à charnière de 18 cm (7 po) bien graissé
Grande mijoteuse ovale d'au moins 6 litres (24 tasses)

Croûte

250 ml (1 tasse) de miettes de craquelins au fromage (environ 24 craquelins)
2 c. à soupe de beurre, fondu (voir Trucs)

Garniture

250 ml (1 tasse) de lait concentré
3 œufs
5 ml (1 c. à thé) de paprika
2 ml (½ c. à thé) de sel
Poivre noir du moulin, au goût
1 paquet de 300 g (10 oz) d'épinards, décongelés, épongés et hachés finement
75 ml (⅓ tasse) de tomates séchées conservées dans l'huile d'olive, égouttées et hachées
250 ml (1 tasse) de cheddar, râpé en filaments

1. *Croûte :* Dans un bol, mélanger les miettes de craquelins et le beurre fondu. Presser au fond du moule préparé. Garder au congélateur jusqu'au moment de l'utilisation.
2. *Garniture :* Dans un bol, à l'aide d'un fouet, bien mélanger le lait et les œufs. Incorporer le paprika, le sel et le poivre. Ajouter les épinards et les tomates. Incorporer le fromage. Verser sur la croûte. Couvrir le moule de papier d'aluminium, en laissant suffisamment d'espace, car la croûte gonflera un peu, et le fixer à l'aide d'une ficelle. (Si on utilise un moule à fond amovible, voir Trucs.) Mettre le moule dans la cocotte de la mijoteuse et verser de l'eau bouillante qui montera à 2,5 cm (1 po) tout autour.
3. Couvrir et cuire à température élevée de 3 à 4 heures, jusqu'à ce qu'une brochette insérée au centre en ressorte propre. Servir immédiatement.

Préparation à l'avance

Faites l'étape 1. Couvrez et congelez jusqu'à 2 jours. Quand vous serez prêt à cuire le plat, continuez selon les directives de la recette.

Légumes

Cari de légumes au lait de coco

6 portions

CONVIENT AUX VÉGÉTALIENS
PEUT ÊTRE RÉDUITE DE MOITIÉ

Voici une très bonne recette pour les soirs de semaine où vous avez envie de cuisiner avec les ingrédients que vous avez sous la main. Servez ce cari sur du riz chaud cuit à la vapeur.

Trucs

Pour obtenir un maximum de saveur, il est recommandé de griller et de moudre les graines de cumin et de coriandre vous-même.

Pour griller les graines de cumin et de coriandre: Mettez les graines dans un poêlon sec à feu moyen et remuez environ 3 minutes, jusqu'à ce qu'un bon arôme se dégage. Réduisez-les immédiatement en poudre très fine à l'aide d'un moulin à épices ou d'un mortier et d'un pilon.

Si vous réduisez cette recette de moitié, prenez une petite mijoteuse de 2,25 litres (9 tasses) environ.

Mijoteuse moyenne à grande de 4,5 à 6 litres (18 à 24 tasses)

1 c. à soupe d'huile végétale ou d'huile de noix de coco
750 ml (3 tasses) de carottes, en cubes de 1,2 cm (½ po)
2 oignons, hachés finement
2 tiges de céleri, en dés
4 gousses d'ail, émincées
1 c. à soupe de gingembre râpé
10 ml (2 c. à thé) de cumin moulu (voir Trucs)
10 ml (2 c. à thé) de coriandre moulue (voir Trucs)
5 ml (1 c. à thé) de sel
5 ml (1 c. à thé) de poivre noir concassé
2 ml (½ c. à thé) de curcuma moulu
1 feuille de laurier
1 boîte de 796 ml (28 oz) de tomates en dés avec leur jus
1 litre (4 tasses) de courge d'hiver, pelée et coupée en cubes de 2,5 cm (1 po)
250 ml (1 tasse) de lait de coco
1 poivron rouge, épépiné et coupé en dés
1 long chili rouge ou vert, épépiné et émincé

1. Dans une poêle, chauffer l'huile à feu moyen. Faire revenir les carottes, les oignons et le céleri environ 7 minutes pour les attendrir. Ajouter l'ail, le gingembre, le cumin, la coriandre, le sel, le poivre, le curcuma et le laurier. Cuire 1 minute, en remuant. Ajouter les tomates et leur jus et porter à ébullition. Transvider dans la cocotte de la mijoteuse.
2. Incorporer les dés de courge. Couvrir et cuire à basse température pendant 6 heures ou à température élevée pendant 3 heures. Ajouter le lait de coco, les poivrons et les piments et bien remuer. Couvrir et cuire à température élevée pendant 15 minutes, jusqu'à ce que les poivrons soient tendres.

Préparation à l'avance

Faites l'étape 1. Couvrez et réfrigérez jusqu'à 2 jours. Quand vous serez prêt à cuire le plat, continuez selon les directives de la recette.

Soupe à la courge musquée, aux pommes et au fromage, page 44

Soupe à l'oignon traditionnelle, page 46

Soupe aux poireaux et aux patates douces du Nouveau Monde, page 49

Fondue au fromage et à la bière, page 54

Quiche aux tomates et aux épinards, page 57

Croûte au cheddar, aux épinards et aux tomates séchées, page 61

Cari de pommes de terre et de petits pois au lait de coco, page 67

Pommes de terre aux oignons braisés et aux épinards, page 70

Ratatouille louisianaise

6 portions

CONVIENT AUX VÉGÉTALIENS
PEUT ÊTRE RÉDUITE DE MOITIÉ

Le mélange d'aubergines, de tomates et de gombos est un classique du sud des États-Unis et il s'agit probablement d'une variante de la fameuse ratatouille niçoise ou provençale. Le secret de cette recette consiste à ne pas trop faire cuire les gombos et à ne les ajouter qu'à la fin, lorsque les saveurs des autres ingrédients ont déjà fusionné.

Trucs

Le gombo est un légume tropical délicieux qui devient désagréablement collant lorsqu'il est trop cuit. Choisissez des légumes jeunes ayant de 5 à 10 cm (2 à 4 po) de longueur qui ne sont pas collants au toucher (les plus collants sont trop mûrs). Brossez-les doucement et coupez les deux extrémités. On trouve aussi des gombos congelés dans la plupart des supermarchés. Faites-les décongeler avant de les mettre dans la mijoteuse.

Si vous réduisez cette recette de moitié, prenez une petite mijoteuse de 2,25 à 4 litres (9 à 16 tasses).

Mijoteuse moyenne de 4,5 litres (18 tasses)

2 aubergines moyennes, pelées, coupées en cubes de 5 cm (2 po) et dégorgées (voir Trucs p. 64)
2 c. à soupe d'huile
2 oignons, hachés finement
4 gousses d'ail, émincées
5 ml (1 c. à thé) d'origan séché
5 ml (1 c. à thé) de sel
2 ml (½ c. à thé) de poivre noir concassé
1 boîte de 796 ml (28 oz) de tomates avec leur jus, hachées grossièrement
2 c. à soupe de vinaigre de vin rouge
500 g (1 lb) de gombos, parés et coupés en morceaux de 2,5 cm (1 po) (voir Trucs)
1 poivron vert, en dés de 6 mm (¼ po)

1. Dans une poêle, chauffer l'huile à feu moyen-vif. Faire revenir les aubergines (quelques cubes à la fois) jusqu'à ce qu'elles soient légèrement dorées. Transvider dans la cocotte de la mijoteuse.
2. Baisser à feu moyen. Dans la même poêle, faire revenir les oignons environ 3 minutes pour les attendrir. Ajouter l'ail, l'origan, le sel et le poivre. Cuire 1 minute, en remuant. Incorporer les tomates et leur jus ainsi que le vinaigre. Porter à ébullition et transvider dans la cocotte de la mijoteuse.
3. Couvrir et cuire à basse température pendant 6 heures ou à température élevée pendant 3 heures, jusqu'à ce que la ratatouille soit chaude et bouillonnante. Ajouter les gombos et les poivrons. Couvrir et cuire à température élevée pendant 30 minutes, jusqu'à ce que les gombos soient tendres.

Préparation à l'avance

Faites les étapes 1 et 2. Couvrez et réfrigérez jusqu'à 2 jours. Quand vous serez prêt à cuire le plat, continuez selon les directives de la recette.

Aubergine braisée aux tomates et aux champignons

6 portions

CONVIENT AUX VÉGÉTALIENS
PEUT ÊTRE RÉDUITE DE MOITIÉ

Ces légumes réconfortants sont particulièrement bons sur un lit de riz ou d'orzo bien chaud. Complétez votre repas par une salade toute simple si vous le jugez bon.

Trucs

Pour faire dégorger l'aubergine: Mettez les cubes d'aubergine dans une passoire, saupoudrez généreusement de sel, mélangez et laissez reposer de 30 à 60 minutes. Si vous manquez de temps, blanchissez les morceaux d'aubergine de 1 à 2 minutes dans une eau très salée. Rincez à l'eau froide et pressez avec les mains pour extraire le maximum de liquide. Épongez avec des serviettes en papier.

Si vous réduisez cette recette de moitié, prenez une petite mijoteuse de 2,25 à 4 litres (9 à 16 tasses).

Mijoteuse moyenne de 4,5 litres (18 tasses)

1 aubergine moyenne, pelée, coupée en cubes de 5 cm (2 po) et dégorgée (voir Trucs)
2 c. à soupe d'huile d'olive
2 oignons, hachés finement
4 gousses d'ail, émincées
5 ml (1 c. à thé) de thym séché
5 ml (1 c. à thé) de sel
5 ml (1 c. à thé) de poivre noir concassé
1 boîte de 796 ml (28 oz) de tomates avec leur jus, hachées grossièrement
2 pommes de terre, épluchées et râpées
500 g (1 lb) de champignons de Paris, nettoyés et coupés en tranches
125 ml (½ tasse) de parmesan fraîchement râpé ou d'un succédané végétalien
60 ml (¼ tasse) de persil frais, haché finement

1. Dans une poêle, chauffer l'huile à feu moyen-vif. Faire revenir les aubergines (quelques cubes à la fois) jusqu'à ce qu'elles soient légèrement dorées. Transvider dans la cocotte de la mijoteuse.
2. Baisser à feu moyen. Dans la même poêle, faire revenir les oignons environ 3 minutes pour les attendrir. Ajouter l'ail, le thym, le sel et le poivre. Cuire 1 minute en remuant. Incorporer les tomates et leur jus, puis porter à ébullition. Transvider dans la cocotte de la mijoteuse.
3. Ajouter les pommes de terre et les champignons. Bien remuer, couvrir et cuire à basse température pendant 6 heures ou à température élevée pendant 3 heures, jusqu'à ce que la préparation soit chaude et bouillonnante. Incorporer le parmesan et garnir de persil.

Préparation à l'avance

Faites les étapes 1 et 2. Couvrez et réfrigérez jusqu'à 2 jours. Quand vous serez prêt à cuire le plat, continuez selon les directives de la recette.

Cari de pommes de terre et de petits pois au lait de coco

6 portions

Mijoteuse moyenne à grande de 4,5 à 6 litres (18 à 24 tasses)

CONVIENT AUX VÉGÉTALIENS
PEUT ÊTRE RÉDUITE DE MOITIÉ

Des patates douces et des pommes de terre cuites dans une sauce parfumée... voilà de quoi composer un repas exquis servi avec du pain nan ou un bol de riz bien chaud. Vous pouvez remplacer la coriandre par une bonne garniture aux oignons croustillants (voir Variante).

Trucs

Certaines pâtes de cari contiennent des ingrédients comme la pâte de crevettes ou la sauce de poisson. Si vous être végétarien, lisez bien l'étiquette afin de vous assurer que le produit que vous achetez ne contient ni poisson ni fruits de mer.

Si vous réduisez cette recette de moitié, prenez une petite mijoteuse de 2,25 à 4 litres (9 à 16 tasses).

1 c. à soupe d'huile
2 oignons, hachés finement
4 gousses d'ail, émincées
1 c. à soupe de gingembre frais, émincé
2 ml (½ c. à thé) de poivre noir concassé
250 ml (1 tasse) de bouillon de légumes
2 grosses patates douces (environ 250 g/8 oz), épluchées et coupées en cubes de 2,5 cm (1 po)
2 pommes de terre, épluchées et coupées en dés
10 ml (2 c. à thé) de pâte de cari rouge thaïlandaise (voir Trucs)
250 ml (1 tasse) de lait de coco
500 ml (2 tasses) de petits pois frais ou décongelés
Coriandre fraîche, hachée finement

1. Dans une poêle, chauffer l'huile à feu moyen. Faire revenir les oignons environ 3 minutes en remuant. Ajouter l'ail, le gingembre et le poivre. Cuire 1 minute, en remuant. Ajouter le bouillon et porter à ébullition. Transvider dans la cocotte de la mijoteuse.
2. Incorporer les patates douces et les pommes de terre. Couvrir et cuire à basse température de 6 à 8 heures ou à température élevée de 3 à 4 heures, jusqu'à ce qu'elles soient tendres.
3. Dans un petit bol, bien mélanger la pâte de cari et 60 ml (¼ tasse) de lait de coco. Verser dans la mijoteuse avec le lait de coco restant et bien remuer. Incorporer les petits pois. Couvrir et cuire à température élevée pendant 15 minutes, jusqu'à ce que les petits pois soient tendres. Garnir de coriandre au moment de servir.

Préparation à l'avance

Faites l'étape 1. Couvrez et réfrigérez jusqu'à 2 jours. Quand vous serez prêt à cuire le plat, continuez selon les directives de la recette.

VARIANTE

Garniture aux oignons croustillants: Couper 3 oignons en deux, puis les couper sur la hauteur en tranches extrêmement fines. Dans une grande poêle, chauffer 1 c. à soupe d'huile ou de beurre clarifié à feu moyen-vif. Cuire les oignons en remuant sans cesse environ 15 minutes, jusqu'à ce qu'ils soient dorés et croustillants. Ils remplacent à merveille la coriandre comme garniture.

Crumble aux poireaux, aux pommes de terre et au stilton

6 à 8 portions

PEUT ÊTRE RÉDUITE DE MOITIÉ

Voici un plat idéal pour l'hiver. Servez de petites portions avec une salade verte ou un autre plat d'accompagnement léger afin d'obtenir un repas équilibré.

Trucs

Si vous avez peu de temps pour cuisiner, omettez l'étape 1 et attendrissez les poireaux et les oignons sur la cuisinière. Chauffez le beurre dans une grande poêle à feu moyen et faites revenir les poireaux et les oignons environ 5 minutes pour les attendrir. Ajoutez l'ail, le sel et le poivre et laissez cuire 1 minute. Transvidez-les ensuite dans la cocotte de la mijoteuse et passez directement à l'étape 2.

Je préfère utiliser moitié farine tout usage, moitié farine de blé entier pour cette recette, parce que la farine de blé entier offre une valeur nutritive supérieure. Mais libre à vous de ne prendre que de la farine tout usage. Il faut alors en utiliser 375 ml (1 ½ tasse) en tout.

Si vous réduisez cette recette de moitié, prenez une petite mijoteuse de 2 à 2,25 litres (8 à 9 tasses).

Mijoteuse moyenne de 4,5 litres (18 tasses)

3 poireaux (partie blanche avec un peu de vert), nettoyés et coupés en tranches (voir Trucs p. 47)
1 oignon, haché finement
4 gousses d'ail, émincées
5 ml (1 c. à thé) de sel
2 ml (½ c. à thé) de poivre noir concassé
2 c. à soupe de beurre, fondu
500 ml (2 tasses) de bouillon de légumes ou d'eau
3 pommes de terre, épluchées et râpées
125 g (4 oz) de fromage stilton, émietté

GARNITURE

175 ml (¾ tasse) de farine de blé entier
175 ml (¾ tasse) de farine tout usage
2 ml (½ c. à thé) de sel
10 ml (2 c. à thé) de bicarbonate de soude
175 ml (¾ tasse) de babeurre
2 c. à soupe d'huile d'olive

1. Dans la cocotte de la mijoteuse, mélanger les poireaux, l'oignon, l'ail, le sel, le poivre et le beurre fondu. Bien enrober les légumes, en remuant. Couvrir et cuire à température élevée de 30 à 60 minutes, jusqu'à ce qu'ils soient tendres.
2. Ajouter le bouillon de légumes et les pommes de terre et bien mélanger. Couvrir et cuire à basse température pendant 4 heures ou à température élevée pendant 2 heures. Incorporer le fromage et régler la mijoteuse à température élevée, au besoin.
3. *Garniture :* Dans un bol, mélanger les farines et le sel. Faire un puits au centre. Dans une tasse ou un bol muni d'un bec verseur, mélanger le bicarbonate de soude, le babeurre et l'huile d'olive. Verser dans le puits et mélanger juste ce qu'il faut. À l'aide d'une cuillère, laisser tomber la pâte sur les légumes chauds. Couvrir et cuire à température élevée pendant 45 minutes, jusqu'à ce qu'une brochette insérée au centre en ressorte propre.

Préparation à l'avance

Faites l'étape 1. Couvrez et réfrigérez jusqu'à 2 jours. Quand vous serez prêt à cuire le plat, continuez selon les directives de la recette.

Sauce aux haricots verts et au féta à la grecque

4 à 6 portions

PEUT ÊTRE RÉDUITE DE MOITIÉ

Cette sauce est particulièrement bonne sur de la polenta, mais elle est aussi excellente sur du riz brun ou des pâtes, particulièrement de l'orzo. Si vous préférez les pâtes, prenez une variété composée de blé entier ou rehaussez la valeur nutritive de la sauce en y ajoutant du boulgour (voir Variante).

Truc

Si vous réduisez cette recette de moitié, prenez une petite mijoteuse de 2 à 2,25 litres (8 à 9 tasses).

Mijoteuse moyenne à grande de 4 à 6 litres (16 à 24 tasses)

1 c. à soupe d'huile d'olive
2 oignons, hachés finement
2 gousses d'ail, émincées
1 bâton de cannelle de 2,5 cm (1 po)
5 ml (1 c. à thé) d'origan séché
5 ml (1 c. à thé) de sel
2 ml (½ c. à thé) de poivre noir concassé
1 boîte de 796 ml (28 oz) de tomates avec leur jus, broyées grossièrement
750 ml (3 tasses) de haricots verts congelés en morceaux
125 ml (½ tasse) de féta, émietté
60 ml (¼ tasse) d'aneth frais, haché finement

1. Dans une poêle, chauffer l'huile d'olive à feu moyen. Faire revenir les oignons environ 3 minutes, jusqu'à ce qu'ils soient tendres. Ajouter l'ail, la cannelle, l'origan, le sel et le poivre. Cuire 1 minute, en remuant. Ajouter les tomates et leur jus, puis remuer pour les défaire en morceaux. Transvider dans la cocotte de la mijoteuse.
2. Ajouter les haricots verts. Couvrir et cuire à basse température pendant 6 heures ou à température élevée pendant 3 heures, jusqu'à ce que la préparation soit chaude et bouillonnante. Retirer et jeter le bâton de cannelle. Garnir de féta et d'aneth au moment de servir.

Préparation à l'avance

Faites l'étape 1. Couvrez et réfrigérez jusqu'à 2 jours. Quand vous serez prêt à cuire le plat, continuez selon les directives de la recette.

VARIANTE

Sauce aux haricots verts, au boulgour et au féta à la mode grecque: Si l'on sert cette sauce avec des pâtes, on peut augmenter sa valeur nutritive en ajoutant jusqu'à 500 ml (2 tasses) de boulgour prétrempé juste avant d'ajouter le féta et l'aneth. Pour faire tremper 250 ml (1 tasse) de boulgour, utiliser 375 ml (1 ½ tasse) d'eau. Bien remuer et laisser reposer environ 10 minutes, jusqu'à ce que le liquide soit absorbé. Prendre de l'eau froide pour le boulgour fin et de l'eau chaude ou bouillante pour le boulgour plus grossier.

Pommes de terre aux oignons braisés et aux épinards

8 portions

Mijoteuse moyenne à grande de 4,5 à 6 litres (18 à 24 tasses)

CONVIENT AUX VÉGÉTALIENS
PEUT ÊTRE RÉDUITE DE MOITIÉ

Servez ce plat avec du riz brun et une salade pour un souper, le week-end. Présentez-le aussi comme élément d'un repas indien composé de différents mets.

Trucs

Ce plat doit cuire plus longtemps que la plupart des mets végétariens parce qu'il contient des pommes de terre. À moins d'être coupées en dés, celles-ci requièrent une cuisson plus longue à la mijoteuse. Les pommes de terre nouvelles cuisent plus rapidement que les autres. Assurez-vous qu'elles sont bien cuites avant d'ajouter les derniers ingrédients. Si elles ne le sont pas, augmentez à température élevée, au besoin.

Si vous n'avez pas de boîte de tomates en dés de 398 ml (14 oz), utilisez 500 ml (2 tasses) de tomates avec leur jus et hachez-les grossièrement.

Si vous prenez des épinards frais, lavez-les soigneusement pour bien enlever le sable. *Pour laver les épinards:* Remplissez l'évier d'eau tiède. Retirez les tiges dures et remuez les feuilles dans l'eau. Rincez-les ensuite à l'eau froide dans une passoire en vous assurant qu'il ne reste plus de sable. Si vous avez des épinards congelés, laissez-les décongeler et retirez l'excédent de liquide avant de les mettre dans la mijoteuse.

1 c. à soupe d'huile
4 oignons, coupés en tranches fines sur la hauteur
4 gousses d'ail, émincées
1 c. à soupe de gingembre frais, émincé
1 c. à soupe de cumin moulu (voir Trucs p. 62)
5 ml (1 c. à thé) de sel
5 ml (1 c. à thé) de poivre noir concassé
2 gousses de cardamome, broyées
1 boîte de 398 ml (14 oz) de tomates en dés avec leur jus (voir Trucs)
250 ml (1 tasse) de bouillon de légumes
1 kg (2 lb) de pommes de terre nouvelles, en quartiers (environ 24)
500 g (1 lb) d'épinards frais, équeutés ou 1 paquet de 300 g (10 oz) d'épinards, décongelés (voir Trucs)
1 ml (¼ c. à thé) de piment de Cayenne, dissous dans 2 c. à soupe de jus de citron fraîchement pressé

1. Dans une poêle, chauffer l'huile à feu moyen. Faire revenir les oignons environ 3 minutes, en remuant. Ajouter l'ail, le gingembre, le cumin, le sel, le poivre et la cardamome. Cuire 1 minute, en remuant. Ajouter les tomates et leur jus ainsi que le bouillon de légumes et porter à ébullition. Transvider dans la cocotte de la mijoteuse.
2. Ajouter les pommes de terre et bien mélanger. Couvrir et cuire à basse température pendant 8 heures ou à température élevée pendant 4 heures, jusqu'à ce que les pommes de terre soient tendres. Retirer et jeter les gousses de cardamome. Ajouter les épinards, une poignée à la fois, et bien les submerger après chaque addition. Ajouter le piment de Cayenne dilué et bien remuer. Couvrir et cuire à température élevée pendant 10 minutes, jusqu'à ce que les épinards soient tendres.

NOTE

Si vous réduisez cette recette de moitié, prenez une petite mijoteuse de 2,25 litres (9 tasses) environ.

Préparation à l'avance

Faites l'étape 1. Couvrez et réfrigérez jusqu'à 2 jours. Quand vous serez prêt à cuire le plat, continuez selon les directives de la recette.

Betteraves braisées gratinées au roquefort

4 à 6 portions

PEUT ÊTRE RÉDUITE DE MOITIÉ

J'aime le mélange des betteraves sucrées, des champignons corsés et du roquefort au goût bien franc. Si vous préférez les fromages plus doux, utilisez du fromage de chèvre. Pour composer un repas complet, servez ce plat avec du riz brun.

Trucs

Vous pouvez mettre la préparation aux betteraves dans un plat allant au four avant de la recouvrir de chapelure.

Si vous réduisez cette recette de moitié, prenez une petite mijoteuse de 2 à 2,25 litres (8 à 9 tasses).

Mijoteuse moyenne de 4,5 litres (18 tasses)

15 g (½ oz) de champignons séchés (ex. : bolets)
500 ml (2 tasses) d'eau chaude
2 c. à soupe d'huile
250 ml (1 tasse) d'échalotes, hachées
4 gousses d'ail, émincées
10 ml (2 c. à thé) d'estragon séché
5 ml (1 c. à thé) de sel
2 ml (½ c. à thé) de poivre noir concassé
4 grosses betteraves (environ 1 kg/2 lb), épluchées et coupées en tranches fines
250 ml (1 tasse) de chapelure
125 ml (½ tasse) de roquefort ou de fromage de chèvre doux, émietté
1 c. à soupe de beurre, fondu

1. Dans un bol, faire tremper les champignons dans l'eau chaude pendant 30 minutes. Égoutter dans une passoire fine et réserver le liquide. Retirer les pieds des champignons. Éponger et hacher finement les champignons. Réserver séparément les champignons et le liquide.
2. Dans une poêle, chauffer l'huile à feu moyen. Faire revenir les échalotes environ 3 minutes pour les attendrir. Ajouter l'ail, l'estragon, le sel, le poivre et les champignons. Cuire 1 minute, en remuant. Incorporer le liquide réservé. Transvider dans la cocotte de la mijoteuse.
3. Ajouter les betteraves. Couvrir et cuire à basse température pendant 6 heures ou à température élevée pendant 3 heures, jusqu'à ce que les betteraves soient tendres.
4. Préchauffer le gril. Dans un bol, bien mélanger la chapelure et le fromage. Étaler uniformément le mélange sur les betteraves et arroser de beurre fondu. Passer sous le gril jusqu'à ce que la chapelure commence à dorer et que le fromage soit fondu. Servir immédiatement.

Préparation à l'avance

Faites les étapes 1 et 2. Couvrez et réfrigérez jusqu'à 2 jours. Quand vous serez prêt à cuire le plat, continuez selon les directives de la recette.

Macédoine de légumes à la sauce épicée aux arachides

8 portions

CONVIENT AUX VÉGÉTALIENS
PEUT ÊTRE RÉDUITE DE MOITIÉ

Voici une bonne façon de faire manger des légumes aux enfants pourvu qu'ils ne soient pas allergiques aux arachides. Servez ce plat avec du riz ou des nouilles de riz brun.

Trucs

Vous pouvez remplacer les haricots verts congelés par des haricots verts frais. Faites-les blanchir 4 minutes dans l'eau bouillante et mettez-les dans la mijoteuse en même temps que le chou.

Certaines pâtes de cari contiennent des ingrédients comme la pâte de crevettes ou la sauce de poisson. Si vous êtes végétalien, lisez bien l'étiquette afin de vous assurer que le produit que vous achetez ne contient ni poisson ni fruits de mer.

Si vous réduisez cette recette de moitié, prenez une petite mijoteuse de 2,25 litres (9 tasses) environ.

Préparation à l'avance

Faites l'étape 1. Couvrez et réfrigérez jusqu'à 2 jours. Quand vous serez prêt à cuire le plat, continuez selon les directives de la recette.

Mijoteuse moyenne à grande de 4 à 6 litres (16 à 24 tasses)

1 c. à soupe d'huile
2 oignons, hachés finement
6 carottes moyennes, en tranches fines (environ 1 litre/4 tasses)
4 tiges de céleri, en dés (environ 500 ml/2 tasses)
2 c. à soupe de gingembre frais, émincé
4 gousses d'ail, émincées
2 ml (½ c. à thé) de poivre noir concassé
250 ml (1 tasse) de bouillon de légumes
750 ml (3 tasses) de morceaux de haricots verts congelés (voir Trucs)
125 ml (½ tasse) de beurre d'arachide naturel crémeux
2 c. à soupe de sauce soya
2 c. à soupe de jus de citron fraîchement pressé
1 c. à soupe de sirop d'érable
10 ml (2 c. à thé) de pâte de cari rouge thaïlandaise (voir Trucs)
1 litre (4 tasses) de chou nappa, râpé en filaments
500 ml (2 tasses) de germes de haricot
125 ml (½ tasse) d'oignons verts (partie blanche seulement), hachés finement
125 ml (½ tasse) d'arachides rôties à sec, hachées

1. Dans une grande poêle, chauffer l'huile à feu moyen. Faire revenir les oignons, les carottes et le céleri environ 7 minutes, jusqu'à ce qu'ils soient tendres. Ajouter le gingembre, l'ail et le poivre et remuer pendant 1 minute. Transvider dans la cocotte de la mijoteuse. Ajouter le bouillon et bien mélanger.
2. Ajouter les haricots verts et bien remuer. Couvrir et cuire à basse température pendant 6 heures ou à température élevée pendant 3 heures, jusqu'à ce que les légumes soient tendres.
3. Dans un bol, battre le beurre d'arachide, la sauce soya, le jus de citron, le sirop d'érable et la pâte de cari jusqu'à consistance lisse. Verser dans la mijoteuse et bien remuer. Ajouter le chou, un peu à la fois, et bien le submerger après chaque addition. Couvrir et cuire 10 minutes pour réchauffer. Incorporer les germes de haricot. Garnir chaque portion d'oignons verts et d'arachides.

VARIANTE

On peut ajouter 500 ml (2 tasses) de bouquets de brocoli en même temps que le chou.

Pâtes et céréales

Lasagne aux champignons et aux artichauts

8 portions

IDÉAL POUR LES RÉCEPTIONS

J'aime beaucoup le mélange de saveurs de cette lasagne qui ressemble à un gratin provençal. En plus d'ajouter du goût et de la couleur, les petits épinards permettent de gagner du temps, puisqu'ils ne requièrent aucune précuisson.

Trucs

Si vous voulez faire une lasagne sans gluten, procurez-vous des lasagnes de riz brun. Cuisez-les d'abord dans l'eau bouillante salée 2 minutes de moins que ce qui est indiqué sur l'emballage. Égouttez-les et mélangez-les avec 1 c. à soupe d'huile d'olive. Réservez-les jusqu'au moment de l'utilisation.

Contrairement à plusieurs recettes de lasagne, celle-ci ne contient pas beaucoup de sauce, ce qui fait en sorte que les pâtes du dessus ont tendance à sécher. Gardez un peu du liquide de cuisson des champignons dans la poêle et versez-en sur la couche de pâtes du dessus, particulièrement sur les bords, lorsqu'elles commencent à sécher.

Achetez des champignons de Paris ou des bolets ou faites un mélange des deux.

Grande mijoteuse ovale de 6 litres (24 tasses)
Cocotte de la mijoteuse légèrement graissée

2 c. à soupe de beurre
1 oignon, haché finement
500 g (1 lb) de champignons (sans les pieds), coupés en tranches (voir Trucs)
4 gousses d'ail, émincées
875 ml (3 ½ tasses) de quartiers de cœurs d'artichaut, conservés dans l'eau, égouttés ou décongelés
175 ml (¾ tasse) de vin blanc sec ou de bouillon de légumes
12 lasagnes fraîches (prêtes à cuire au four) (voir Trucs)
625 ml (2 ½ tasses) de ricotta
500 ml (2 tasses) d'épinards miniatures
625 ml (2 ½ tasses) de mozzarella, râpée en filaments
125 ml (½ tasse) de parmesan fraîchement râpé

1. Dans une poêle, faire fondre le beurre à feu moyen. Faire revenir les oignons environ 3 minutes, jusqu'à ce qu'ils soient tendres. Ajouter les champignons et l'ail et faire revenir environ 7 minutes. Incorporer les artichauts et le vin, puis porter à ébullition. Cuire de 1 à 2 minutes, en remuant, jusqu'à ce que le liquide réduise légèrement. Réserver.
2. Couvrir le fond de la mijoteuse avec 4 lasagnes en les brisant, au besoin. Étaler la moitié de la préparation à la ricotta, la moitié de la préparation aux champignons, la moitié des épinards, puis le tiers de la mozzarella et du parmesan. Répéter l'opération. Mettre une dernière couche de lasagnes sur les fromages. Verser le liquide restant de la préparation aux champignons sur les pâtes (voir Trucs) et couvrir avec la mozzarella et le parmesan restants.
3. Couvrir et cuire à basse température pendant 6 heures ou à température élevée pendant 3 heures, jusqu'à ce que la lasagne soit chaude et bouillonnante.

Préparation à l'avance

Faites les étapes 1 et 2. Couvrez et réfrigérez toute la nuit. Le lendemain matin, continuez selon les directives de la recette.

Cannellonis à la sauce tomate et à l'aubergine

8 portions

IDÉAL POUR LES RÉCEPTIONS
PEUT ÊTRE RÉDUITE DE MOITIÉ

Cette recette est particulièrement facile à préparer. Il suffit de farcir les pâtes fraîches avec de la ricotta et des épinards miniatures baignant dans une succulente sauce tomate à l'aubergine. Pour faire un repas fantastique, servez ce plat avec du pain croûté et une salade de poivrons rôtis ou encore une salade verte.

Trucs

Assurez-vous de vous procurer des cannellonis ou des manicottis frais (prêts à cuire au four), puisqu'ils vous permettront de gagner du temps en plus de cuire à la perfection dans la mijoteuse.

Pour faire dégorger l'aubergine: Mettez les cubes d'aubergine dans une passoire, saupoudrez généreusement de sel, mélangez et laissez reposer de 30 à 60 minutes. Si vous manquez de temps, blanchissez les morceaux d'aubergine de 1 à 2 minutes dans une eau très salée. Rincez à l'eau froide et pressez avec les mains pour extraire le maximum de liquide. Épongez avec des serviettes en papier.

Si vous réduisez cette recette de moitié, prenez une petite mijoteuse de 2,25 à 4 litres (9 à 16 tasses).

Mijoteuse moyenne à grande de 4,5 à 6 litres (18 à 24 tasses)

SAUCE

1 aubergine moyenne, pelée, coupée en cubes de 5 cm (2 po) et dégorgée (voir Trucs)
Environ 2 c. à soupe d'huile d'olive
2 gousses d'ail, émincées
1 ml (¼ c. à thé) de poivre noir du moulin
750 ml (3 tasses) de sauce tomate

GARNITURE

500 ml (2 tasses) de ricotta
125 ml (½ tasse) de parmesan fraîchement râpé
375 ml (1 ½ tasse) d'épinards miniatures, hachés
5 ml (1 c. à thé) de muscade fraîchement râpée
1 œuf, battu
1 ml (¼ c. à thé) de sel
1 ml (¼ c. à thé) de poivre noir du moulin
24 cannellonis frais (prêts à cuire au four) (voir Trucs)

1. *Sauce:* Dans une poêle, chauffer l'huile d'olive à feu moyen-vif. Cuire quelques cubes d'aubergine à la fois en remuant pendant environ 3 minutes, jusqu'à ce qu'ils commencent à dorer. Mettre ensuite toutes les aubergines dans la poêle. Ajouter l'ail et le poivre et faire revenir pendant 1 minute. Ajouter la sauce tomate, bien remuer et porter à ébullition. Retirer du feu et réserver.
2. *Garniture:* Dans un bol, mélanger la ricotta, le parmesan, les épinards, la muscade, l'œuf, le sel et le poivre. Avec les doigts, farcir les cannellonis et les ranger au fur et à mesure dans la cocotte de la mijoteuse. Faire une deuxième couche lorsque le fond est rempli. Napper de sauce.
3. Couvrir et cuire à basse température pendant 6 heures ou à température élevée pendant 3 heures, jusqu'à ce que les cannellonis soient chauds et bouillonnants.

Préparation à l'avance

Faites les étapes 1 et 2. Couvrez et réfrigérez toute la nuit. Le lendemain matin, continuez selon les directives de la recette. N'allumez pas la mijoteuse avant d'y avoir mis la cocotte afin d'empêcher celle-ci de se fissurer.

Rigatonis aux oignons caramélisés et à la courge épicée

4 portions

CONVIENT AUX VÉGÉTALIENS
IDÉAL POUR LES RÉCEPTIONS
PEUT ÊTRE RÉDUITE DE MOITIÉ

Ce plat m'a été inspiré par une recette du réputé chef Mario Batali. Le mélange d'oignons caramélisés et de courge est ici rehaussé de piment fort. Un pur délice!

Trucs

Si vous utilisez des dés de courge congelés, vous pouvez les mettre dans la mijoteuse sans les décongeler.

L'utilisation d'un seul piment donne un léger goût épicé. Si vous aimez les pâtes bien épicées, mettez-en un deuxième.

Si vous réduisez cette recette de moitié, prenez une petite mijoteuse de 2,25 à 4 litres (9 à 16 tasses).

Mijoteuse moyenne à grande de 4 à 6 litres (16 à 24 tasses)

2 oignons, coupés en tranches fines sur la hauteur
4 gousses d'ail, émincées
5 ml (1 c. à thé) de thym séché
2 c. à soupe d'huile d'olive
750 ml (3 tasses) de courge d'hiver (ex.: courge musquée ou poivrée), en dés de 1,2 cm (½ po) (voir Trucs)
1 à 2 chilis rouges séchés, émiettés (voir Trucs)
Sel et poivre noir du moulin, au goût
375 g (12 oz) de rigatonis
125 ml (½ tasse) de parmesan fraîchement râpé ou d'un succédané végétalien

1. Dans la cocotte de la mijoteuse, bien mélanger les oignons, l'ail, le thym et l'huile d'olive. Mettre un linge propre plié en deux sur le dessus de la mijoteuse pour absorber l'humidité. Couvrir et cuire à température élevée pendant 5 heures, en remuant deux ou trois fois afin que les oignons soient uniformément caramélisés (remettre le linge en place chaque fois). Ajouter les courges et les piments, puis assaisonner de sel et de poivre, au goût. Bien remuer. Couvrir et cuire à température élevée environ 45 minutes, jusqu'à ce que les courges soient tendres.
2. Pendant ce temps, dans une grande casserole d'eau bouillante salée, cuire les rigatonis à découvert, à feu vif, jusqu'à ce qu'ils soient al dente. Réserver 250 ml (1 tasse) du liquide de cuisson. Égoutter les pâtes.
3. Dans une poêle, à feu moyen, porter 125 ml (½ tasse) de l'eau de cuisson réservée à ébullition. Ajouter les légumes, puis les pâtes et cuire en remuant à l'aide d'une cuillère en bois jusqu'à ce qu'ils soient parfaitement enrobés de sauce (ajouter de l'eau, au besoin). Couvrir de parmesan et servir immédiatement.

VARIANTE

On peut remplacer les rigatonis par la même quantité de pennes.

Sauce aux oignons caramélisés et à la roquette

4 portions

Mijoteuse moyenne à grande de 4 à 6 litres (16 à 24 tasses)

CONVIENT AUX VÉGÉTALIENS
IDÉAL POUR LES RÉCEPTIONS
PEUT ÊTRE RÉDUITE DE MOITIÉ

La mijoteuse nous permet de faire caraméliser les oignons plus rapidement que sur la cuisinière et cette étape ne requiert pratiquement aucune attention de notre part. Dans cette recette, je rehausse le goût des oignons d'un peu de sucre. Servez cette sauce appétissante sur des pâtes de blé entier, de la polenta ou du gruau de maïs. Complétez votre repas par une salade verte garnie de carottes râpées.

Trucs

Si vous avez peu de temps pour cuisiner, attendrissez les oignons sur la cuisinière. Chauffez l'huile dans une grande poêle à feu moyen environ 30 secondes. Faites revenir les oignons environ 5 minutes. Transvidez-les ensuite dans la cocotte de la mijoteuse et passez directement à l'étape 2.

Si vous préférez une sauce plus lisse, mélangez la roquette avec 250 ml (1 tasse) de sauce tomate à l'aide du robot de cuisine. La roquette doit être hachée finement et bien amalgamée à la sauce.

Si vous réduisez cette recette de moitié, prenez une petite mijoteuse de 2 à 2,25 litres (8 à 9 tasses).

2 c. à soupe d'huile
6 oignons, coupés en tranches fines sur la hauteur
5 ml (1 c. à thé) de sucre
5 ml (1 c. à thé) de poivre noir concassé
1 c. à soupe de miso blanc ou rouge
750 ml (3 tasses) de sauce tomate
2 bottes de roquette, équeutée et hachée (voir Trucs)
Pâtes cuites (de blé entier, de préférence), polenta ou gruau de maïs

1. Dans la cocotte de la mijoteuse, mélanger l'huile d'olive et les oignons. Bien remuer afin de bien enrober les oignons. Couvrir et cuire à température élevée pendant 1 heure, jusqu'à ce qu'ils soient tendres (voir Trucs).
2. Ajouter le sucre et le poivre et bien mélanger. Mettre un linge propre plié en deux sur le dessus de la mijoteuse pour absorber l'humidité. Couvrir et cuire à température élevée pendant 4 heures en remuant deux ou trois fois afin que les oignons soient uniformément caramélisés (remettre le linge en place chaque fois).
3. Enlever le linge, ajouter le miso et bien remuer. Ajouter la sauce tomate et la roquette et bien mélanger. Couvrir et cuire à température élevée environ 30 minutes, jusqu'à ce que le tout soit bien chaud. Servir sur des pâtes de blé entier, de la polenta ou du gruau de maïs.

Préparation à l'avance

Faites les étapes 1 et 2. Couvrez et réfrigérez jusqu'à 2 jours. Quand vous serez prêt à cuire le plat, faites mijoter la sauce tomate, le miso et les oignons caramélisés à feu moyen, dans une casserole. Ajoutez la roquette, remettez à feu moyen et faites cuire jusqu'à ce que toutes les saveurs soient bien amalgamées.

Sauce tomate de base

Environ 2 litres (8 tasses)

CONVIENT AUX VÉGÉTALIENS
PEUT ÊTRE RÉDUITE DE MOITIÉ

Cette excellente sauce est non seulement facile à préparer, mais elle contient aussi moins de sel que les sauces du commerce. Conservez-la dans un contenant hermétique jusqu'à 1 semaine au réfrigérateur et jusqu'à 6 mois au congélateur.

Trucs

Si vous avez peu de temps pour cuisiner, attendrissez les légumes sur la cuisinière. Chauffez l'huile dans une grande poêle à feu moyen environ 30 secondes. Faites revenir les oignons et les carottes environ 7 minutes. Ajoutez l'ail, le thym et le poivre et faites revenir 1 minute. Transvidez-les ensuite dans la cocotte de la mijoteuse. Ajoutez les tomates et leur jus et passez directement à l'étape 2.

Si vous réduisez cette recette de moitié, prenez une petite mijoteuse de 2,25 à 4 litres (9 à 16 tasses).

Mijoteuse moyenne à grande de 4 à 6 litres (16 à 24 tasses)

1 c. à soupe d'huile d'olive
2 oignons, hachés finement
2 carottes, en dés
4 gousses d'ail, émincées
5 ml (1 c. à thé) de thym séché, émietté
2 ml (½ c. à thé) de poivre noir concassé
2 boîtes de 796 ml (28 oz) de tomates avec leur jus, hachées grossièrement
Sel (facultatif)

1. Dans la cocotte de la mijoteuse, mélanger l'huile d'olive, les oignons et les carottes. Bien remuer afin que les légumes soient parfaitement enrobés. Couvrir et cuire à température élevée pendant 1 heure, jusqu'à ce qu'ils soient tendres. Ajouter l'ail, le thym et le poivre. Bien remuer, puis incorporer les tomates avec leur jus.
2. Mettre un linge propre plié en deux sur le dessus de la mijoteuse pour absorber l'humidité. Couvrir et cuire à basse température pendant 6 heures ou à température élevée pendant 3 heures, jusqu'à ce que la sauce soit plus épaisse et bien parfumée. Saler, au goût.

Sauce Syracuse

6 portions

CONVIENT AUX VÉGÉTALIENS
IDÉAL POUR LES RÉCEPTIONS
PEUT ÊTRE RÉDUITE DE MOITIÉ

Versez cette sauce sur de la polenta ou des pâtes de blé entier. Pour un repas complet, servez-la avec une salade verte et du pain croûté de grains entiers.

Trucs

Pour faire dégorger l'aubergine: Mettez les cubes d'aubergine dans une passoire, saupoudrez généreusement de sel, mélangez et laissez reposer de 30 à 60 minutes. Si vous manquez de temps, blanchissez les morceaux d'aubergine de 1 à 2 minutes dans une eau très salée. Rincez à l'eau froide et pressez avec les mains pour extraire le maximum de liquide. Épongez avec des serviettes en papier.

Si vous réduisez cette recette de moitié, prenez une petite mijoteuse de 2,25 à 4 litres (9 à 16 tasses).

Mijoteuse moyenne à grande de 4 à 6 litres (16 à 24 tasses)

1 grosse aubergine, pelée, coupée en cubes de 5 cm (2 po) et dégorgée (voir Trucs)
Environ 2 c. à soupe d'huile d'olive
2 oignons, hachés finement
4 gousses d'ail, émincées
1 boîte de 796 ml (28 oz) de tomates avec leur jus, hachées grossièrement
1 c. à soupe de pâte de tomate
2 poivrons rouges rôtis, en dés
125 ml (½ tasse) d'olives noires, dénoyautées et hachés (environ 20 olives)
125 ml (½ tasse) de persil frais, haché finement
2 c. à soupe de câpres, égouttées et émincées
1 c. à soupe de miso blanc ou rouge
Pâtes cuites (de blé entier, de préférence) ou polenta

1. Dans une poêle, chauffer 1 c. à soupe d'huile d'olive à feu moyen-vif. Cuire quelques cubes d'aubergine à la fois en remuant pendant environ 3 minutes, jusqu'à ce qu'ils commencent à dorer (ajouter de l'huile, au besoin). Mettre les aubergines dans la cocotte de la mijoteuse.
2. Mettre les oignons dans la même poêle, ajouter de l'huile, au besoin, et faire revenir environ 3 minutes pour les attendrir. Ajouter l'ail et cuire 1 minute, en remuant. Ajouter les tomates et leur jus ainsi que la pâte de tomate et porter à ébullition. Transvider les oignons dans la cocotte de la mijoteuse.
3. Mettre un linge propre plié en deux sur le dessus de la mijoteuse pour absorber l'humidité. Couvrir et cuire à basse température pendant 6 heures ou à température élevée pendant 3 heures, jusqu'à ce que la sauce soit chaude et bouillonnante. Ajouter les poivrons, les olives, le persil, les câpres et le miso. Bien remuer. Couvrir et réchauffer à température élevée pendant 20 minutes. Servir sur de la polenta ou des pâtes bien chaudes.

Préparation à l'avance

Faites les étapes 1 et 2. Couvrez et réfrigérez jusqu'à 2 jours. Quand vous serez prêt à cuire le plat, passez à l'étape 3.

Timbale de riz au chou-fleur

4 portions

IDÉAL POUR LES RÉCEPTIONS

J'aime les timbales parce qu'elles sont faciles à préparer et que nos invités ont l'impression qu'on a passé un temps fou à cuisiner. Si vous prenez le temps de démouler cette timbale, vous ferez fureur. Servez-la avec une salade verte ou des tomates vinaigrette. Succès garanti!

Trucs

J'utilise du riz brun parce qu'il est plus nourrissant que les riz raffinés, mais le riz arborio convient aussi très bien à cette recette. L'important est d'utiliser un riz collant afin que la timbale tienne bien.

Attendez que le riz ait suffisamment refroidi avant de le mélanger avec les autres ingrédients, ce qui empêchera les jaunes d'œufs de coaguler. Il doit toutefois être un peu chaud afin que le beurre s'y mêle bien. Si vous utilisez du riz froid, faites fondre le beurre avant de l'ajouter.

J'utilise toujours du beurre non salé, car je préfère son goût et cela me permet de mieux contrôler ma consommation de sel.

Moule à soufflé de 18 cm (7 po) d'une capacité de 1,5 litre (6 tasses)
Grande mijoteuse ovale d'au moins 6 litres (24 tasses)

500 ml (2 tasses) de riz brun à grain court, cuit et légèrement refroidi (voir Trucs)
60 ml (¼ tasse) de beurre, ramolli (voir Trucs)
250 ml (1 tasse) de parmesan fraîchement râpé
2 jaunes d'œufs
2 c. à soupe d'huile
750 ml (3 tasses) de bouquets de chou-fleur, coupés sur la hauteur en tranches de 6 mm (¼ po) d'épaisseur
5 ml (1 c. à thé) de sel
5 ml (1 c. à thé) de paprika
Poivre noir du moulin, au goût
125 ml (½ tasse) de crème 35 %

1. Dans un bol, bien mélanger le riz, le beurre, la moitié du parmesan et les jaunes d'œufs. Réserver.
2. Dans une poêle, chauffer l'huile à feu moyen. Faire revenir les bouquets de chou-fleur environ 5 minutes, jusqu'à ce qu'ils soient bien tachetés de brun. Ajouter le sel, le paprika et le poivre et bien remuer. Incorporer la crème et le parmesan restant. Cuire jusqu'au point de mijotage et retirer du feu.
3. Étaler le tiers du riz dans le moule préparé. Ajouter la moitié du chou-fleur. Répéter l'opération. Terminer par une couche de riz. Couvrir le moule hermétiquement de papier d'aluminium et le fixer à l'aide d'une ficelle. Mettre le moule dans la cocotte de la mijoteuse et verser de l'eau bouillante qui montera à 2,5 cm (1 po) tout autour. Couvrir et cuire à température élevée de 3 à 4 heures, jusqu'à ce que la timbale soit prise. Démouler et servir chaud ou servir directement dans le moule.

Lasagne aux champignons et aux artichauts, page 74

Sauce Syracuse, page 79

Biriyani de légumes, page 81

Casserole d'orge et de légumes d'hiver, page 83

Polenta crémeuse au maïs et aux piments, page 84

Gratin de flageolets au fenouil, page 88

Succotash traditionnel, page 89

Chili vite fait aux légumes, page 91

Biriyani de légumes

4 portions

PEUT ÊTRE RÉDUITE DE MOITIÉ

Voici un plat principal savoureux, nourrissant et très facile à préparer. Si vous avez le temps, servez-le avec la garniture d'oignons croustillants (voir Variante) pour obtenir une consistance et un goût vraiment uniques.

Truc

Si vous réduisez cette recette de moitié, prenez une petite mijoteuse de 2,25 à 4 litres (9 à 16 tasses).

Mijoteuse moyenne à grande de 4 à 6 litres (16 à 24 tasses)
Cocotte de la mijoteuse légèrement graissée

3 c. à soupe d'huile
5 ml (1 c. à thé) de graines de cumin
2 ml (½ c. à thé) de curcuma moulu
500 ml (2 tasses) de pommes de terre, épluchées et coupées en cubes de 1,2 cm (½ po)
1 oignons jaune ou rouge, coupé en tranches fines sur la hauteur
2 carottes, en dés
500 ml (2 tasses) de bulbe de fenouil, en dés
375 ml (1 ½ tasse) de riz brun à grain long, rincé et égoutté
10 ml (2 c. à thé) de cumin moulu
5 ml (1 c. à thé) de coriandre moulue
5 ml (1 c. à thé) de sel
5 ml (1 c. à thé) de poivre noir concassé
2 gousses de cardamome verte, broyées
1 litre (4 tasses) de bouillon de légumes

1. Dans une poêle, chauffer 2 c. à soupe d'huile à feu moyen-vif. Faire revenir les graines de cumin environ 10 secondes. Incorporer le curcuma. Ajouter les pommes de terre et faire revenir environ 3 minutes, jusqu'à ce qu'elles commencent à dorer. Ajouter les oignons et faire revenir 1 minute. Ajouter les carottes et le fenouil et faire revenir jusqu'à ce qu'ils soient bien enrobés. Réserver dans un bol.
2. Dans la même poêle, mettre l'huile restante, le riz, le cumin moulu, la coriandre moulue, le sel, le poivre et les gousses de cardamome. Remuer pour bien enrober les épices d'huile. Verser le bouillon de légumes et porter à ébullition. Laisser bouillir 2 minutes. À l'aide d'une écumoire, étaler la moitié du riz au fond de la cocotte de la mijoteuse. Couvrir avec les légumes. Ajouter le riz restant et tout le liquide. Mettre un linge propre plié en deux sur le dessus de la mijoteuse pour absorber l'humidité. Couvrir et cuire à basse température pendant 6 heures (ou pendant la nuit) ou encore à température élevée pendant 3 heures, jusqu'à ce que le riz soit tendre et que le liquide soit complètement absorbé. Servir chaud.

VARIANTE

Biriyani de légumes garni d'oignons croustillants: Faire la Garniture aux oignons croustillants (p. 65) et en couvrir généreusement le biriyani.

Risotto d'orge aux haricots de Lima et aux bolets

4 à 6 portions

CONVIENT AUX VÉGÉTALIENS
PEUT ÊTRE RÉDUITE DE MOITIÉ

Riche en céréales et en légumineuses, ce plat offre des protéines complètes. Il constitue un excellent plat principal ou le plat d'accompagnement idéal pour un buffet.

Trucs

Le fait de faire tremper les haricots de Lima et d'en retirer la peau donne à ce plat une merveilleuse consistance : ils fondent dans la bouche!

Pour faire tremper les haricots de Lima : Portez-les à ébullition dans 1 litre (4 tasses) d'eau à feu moyen. Laissez bouillir rapidement pendant 3 minutes. Couvrez-les et éteignez le feu. Laissez reposer pendant 1 heure. Égouttez dans une passoire et rincez abondamment à l'eau froide. Avec les mains, pressez les haricots pour les débarrasser de leur peau. Jetez l'eau.

Pour un risotto plus sec, n'utilisez que 500 ml (2 tasses) de bouillon. Pour obtenir un plat plus crémeux, mettez-en 750 ml (3 tasses) ou un peu moins.

Si vous réduisez cette recette de moitié, prenez une petite mijoteuse de 2,25 à 4 litres (9 à 16 tasses).

Mijoteuse moyenne de 4,5 litres (18 tasses)

250 ml (1 tasse) de haricots de Lima ou de gros haricots grecs (*gigantes*), trempés, égouttés et débarrassés de leur peau (voir Trucs)
15 g (½ oz) de bolets séchés
250 ml (1 tasse) d'eau chaude
1 c. à soupe d'huile
2 oignons, hachés finement
4 gousses d'ail, émincées
5 ml (1 c. à thé) de thym séché
5 ml (1 c. à thé) de sel
2 ml (½ c. à thé) de poivre noir concassé
250 ml (1 tasse) d'orge mondé, de préférence, rincé
500 à 750 ml (2 à 3 tasses) de bouillon de légumes (voir Trucs)
Parmesan fraîchement râpé ou succédané végétalien

1. Dans un bol, faire tremper les champignons dans l'eau chaude pendant 30 minutes. Égoutter dans une passoire fine et réserver le liquide. Bien éponger et hacher finement. Réserver séparément les champignons et le liquide.
2. Dans une poêle, chauffer l'huile à feu moyen. Faire revenir les oignons environ 3 minutes pour les attendrir. Ajouter l'ail, le thym, le sel, le poivre et les champignons. Cuire 1 minute, en remuant. Ajouter l'orge et bien remuer. Verser le bouillon et le liquide réservé. Porter à ébullition. Si on utilise de l'orge mondé, laisser bouillir 2 minutes. Transvider dans la cocotte de la mijoteuse et incorporer les haricots.
3. Couvrir et cuire à basse température pendant 8 heures ou à température élevée pendant 4 heures, jusqu'à ce que l'orge soit tendre. Passer le parmesan à table.

Préparation à l'avance

Faites les étapes 1 et 2 en utilisant 750 ml (3 tasses) de bouillon, car l'orge absorbera beaucoup de liquide au réfrigérateur. Couvrez et réfrigérez jusqu'à 2 jours. Quand vous serez prêt à cuire le plat, ajouter 250 ml (1 tasse) de bouillon de légumes et continuez selon les directives de la recette.

- Menu -

- Pois chiches aux épinards p. 97
- Ragoût de lentilles @ l'aubergine
- Pâté chinois aux lentilles p. 103

2011-11-29

Casserole d'orge et de légumes d'hiver

6 portions

CONVIENT AUX VÉGÉTALIENS
PEUT ÊTRE RÉDUITE DE MOITIÉ

Voici de quoi illuminer les sombres soirées d'hiver. Le mélange de céleri-rave et de carvi est parfaitement harmonieux. Je sers habituellement ce plat avec du pain de seigle, du brocoli cuit à la vapeur ou encore une purée d'épinards.

Trucs

Comme le céleri-rave s'oxyde rapidement au contact de l'air, mélangez-le avec du jus de citron pour l'empêcher de noircir.

J'utilise toujours du persil plat parce qu'il a plus de goût que le persil frisé.

Je vous recommande d'utiliser de l'orge mondé, puisqu'il s'agit de la forme la plus nutritive de cette céréale, mais vous pouvez aussi prendre de l'orge perlé.

Si vous réduisez cette recette de moitié, prenez une petite mijoteuse de 2,25 à 4 litres (9 à 16 tasses).

Grande mijoteuse ovale de 6 litres (24 tasses)

1 gros céleri-rave, épluché et râpé
1 c. à soupe de jus de citron fraîchement pressé (voir Trucs)
1 c. à soupe d'huile
2 poireaux (partie blanche avec un peu de vert), nettoyés et coupés en tranches fines (voir Trucs p. 47)
4 carottes, en dés
4 panais, en dés
2 gousses d'ail, émincées
5 ml (1 c. à thé) de graines de carvi
5 ml (1 c. à thé) de sel
2 ml (½ c. à thé) de poivre noir concassé
125 ml (½ tasse) d'orge, rincé (voir Trucs)
1 boîte de 398 ml (14 oz) de tomates en dés avec leur jus
500 ml (2 tasses) de bouillon de légumes
125 ml (½ tasse) de persil plat frais, haché finement (voir Trucs)

1. Dans un bol, mélanger le céleri-rave et le jus de citron. Réserver.
2. Dans une grande poêle, chauffer l'huile à feu moyen. Faire revenir les poireaux, les carottes et les panais environ 7 minutes pour les attendrir. Ajouter l'ail, le carvi, le sel et le poivre et faire revenir pendant 1 minute. Ajouter l'orge. Bien remuer. Ajouter les tomates et leur jus ainsi que le bouillon de légumes. Porter à ébullition.
3. Transvider dans la cocotte de la mijoteuse. Ajouter le céleri-rave et bien mélanger. Couvrir et cuire à basse température pendant 6 heures ou à température élevée pendant 3 heures, jusqu'à ce que l'orge et les légumes soient tendres. Parsemer de persil et servir.

Préparation à l'avance

Faites l'étape 2. Couvrez et réfrigérez jusqu'à 2 jours. Quand vous serez prêt à cuire le plat, faites les étapes 1 et 3. Ajoutez 125 ml (½ tasse) de bouillon de légumes ou d'eau de plus que la quantité indiquée avant de procéder à la cuisson.

Polenta crémeuse au maïs et aux piments

6 portions

PEUT ÊTRE RÉDUITE DE MOITIÉ

Selon moi, la polenta est le plat réconfortant par excellence. Je la sers comme plat d'accompagnement avec du pot-au-feu ou comme plat principal avec une sauce habituellement réservée aux pâtes. Elle est exquise avec une salade assaisonnée, des tomates vinaigrette ou des poivrons rôtis marinés.

Trucs

J'utilise toujours de la semoule de maïs moulue sur pierre non décortiquée ni dégermée. Sa valeur nutritive est plus élevée, sa consistance est plus intéressante et son goût est supérieur à ceux de la semoule de maïs ordinaire.

Si vous réduisez cette recette de moitié, prenez une petite mijoteuse de 2 à 2,25 litres (8 à 9 tasses).

Mijoteuse petite à moyenne de 2,25 à 4 litres (9 à 16 tasses)
Cocotte de la mijoteuse légèrement graissée

750 ml (3 tasses) de lait
2 gousses d'ail, émincées
5 ml (1 c. à thé) de romarin frais, haché finement ou 2 ml (½ c. à thé) de romarin séché, émietté
2 ml (½ c. à thé) de sel
Poivre noir du moulin, au goût
175 ml (¾ tasse) de semoule de maïs jaune grossière (moulue sur pierre, de préférence ; voir Trucs)
250 ml (1 tasse) de maïs en grains
250 ml (1 tasse) de fromage Monterey Jack, râpé en filaments
125 ml (½ tasse) de parmesan fraîchement râpé
1 boîte de 127 ml (4 ½ oz) de chilis verts doux en dés

1. Dans une grande casserole, à feu moyen, porter à ébullition le lait, l'ail, le romarin, le sel et le poivre. Verser lentement la semoule de maïs en filet, en fouettant pour éviter la formation de grumeaux. Continuer de fouetter environ 5 minutes, jusqu'à ce que la semoule commence à épaissir et à bouillonner à gros bouillons. Ajouter le maïs, les fromages et les chilis. Transvider dans la cocotte de la mijoteuse.
2. Couvrir et cuire à basse température pendant 2 heures, jusqu'à ce que la polenta soit ferme et commence à peine à dorer tout autour.

Courge au quinoa et aux abricots

8 portions

PEUT ÊTRE RÉDUITE DE MOITIÉ

Changez vos habitudes grâce à cette recette qui allie fruits, légumes et quinoa, agrémentés de gingembre, d'orange et d'un soupçon de cannelle. Un régal avec une salade de cresson nappée de vinaigrette.

Trucs

Si vous utilisez des dés de courge congelés, réduisez la quantité à 500 ml (2 tasses).

Prenez le temps de bien rincer le quinoa, car il contient des saponines, substances végétales résineuses. Afin de vous assurer que le quinoa ne contient plus de saponines, mettez les grains crus dans un bol rempli d'eau chaude, remuez-les, puis rincez-les à l'eau froide dans une passoire.

Le quinoa est cuit lorsqu'une fine ligne blanche se forme autour des grains.

Si vous réduisez cette recette de moitié, prenez une petite mijoteuse de 2 à 2,25 litres (8 à 9 tasses).

Mijoteuse moyenne à grande de 4 à 6 litres (16 à 24 tasses)

1 c. à soupe d'huile
2 oignons, hachés finement
2 gousses d'ail, émincées
1 c. à soupe de gingembre frais, émincé
1 c. à soupe de cumin moulu
10 ml (2 c. à thé) de zeste d'orange, râpé finement
1 bâton de cannelle de 5 cm (2 po)
5 ml (1 c. à thé) de curcuma moulu
5 ml (1 c. à thé) de sel
2 ml (½ c. à thé) de poivre noir concassé
250 ml (1 tasse) de bouillon de légumes
125 ml (½ tasse) de jus d'orange
1 litre (4 tasses) de courge d'hiver, pelée et coupée en cubes de 2,5 cm (1 po) (voir Trucs)
2 pommes, pelées, évidées et coupées en tranches
125 ml (½ tasse) d'abricots secs, hachés
375 ml (1 ½ tasse) de quinoa, rincé (voir Trucs)

1. Dans une poêle, chauffer l'huile à feu moyen. Faire revenir les oignons environ 3 minutes, jusqu'à ce qu'ils soient tendres. Ajouter l'ail, le gingembre, le cumin, le zeste d'orange, la cannelle, le curcuma, le sel et le poivre. Cuire 1 minute en remuant. Verser le bouillon de légumes et le jus d'orange et porter à ébullition. Transvider dans la cocotte de la mijoteuse.
2. Ajouter les cubes de courge, les pommes et les abricots. Bien remuer, couvrir et cuire à basse température pendant 6 heures ou à température élevée pendant 3 heures, jusqu'à ce que les légumes soient tendres. Retirer et jeter le bâton de cannelle.
3. Dans une casserole, porter 750 ml (3 tasses) d'eau à ébullition. Verser lentement le quinoa en filet, en remuant pour empêcher la formation de grumeaux. Porter de nouveau à ébullition, couvrir et baisser le feu au minimum. Laisser mijoter pendant 15 minutes, jusqu'à ce que le quinoa soit cuit et que le liquide soit complètement absorbé. Verser dans la cocotte de la mijoteuse et bien mélanger. Servir immédiatement.

Préparation à l'avance

Faites l'étape 1. Couvrez et réfrigérez toute la nuit ou jusqu'à 2 jours. Quand vous serez prêt à cuire le plat, faites les étapes 2 et 3.

Légumineuses, tempeh et tofu

Gratin de flageolets au fenouil

6 à 8 portions

CONVIENT AUX VÉGÉTALIENS
IDÉAL POUR LES RÉCEPTIONS
PEUT ÊTRE RÉDUITE DE MOITIÉ

Trucs

Même s'il n'est pas nécessaire de faire tremper les flageolets avant de les faire cuire, je considère qu'ils cuisent plus facilement à la mijoteuse si on les fait tremper pendant quelque temps.

Si vous vous prenez du bouillon de légumes maison (voir p. 49), mettez-en 1 litre (4 tasses) pour remplacer le bouillon et l'eau indiqués dans la liste des ingrédients.

Le piment d'Alep est un piment doux de Syrie. On en trouve maintenant dans la plupart des supermarchés et des boutiques spécialisées.

Si vous avez des invités, vous pouvez verser le gratin dans un grand plat ou dans des soupières individuelles allant au four, ajouter la garniture et passer le tout sous le gril. Ce sera plus élégant que de mettre la cocotte de la mijoteuse directement sur la table.

Si vous réduisez cette recette de moitié, prenez une petite mijoteuse de 2,25 à 4 litres (9 à 16 tasses).

Préparation à l'avance

Faites les étapes 1 et 2. Couvrez et réfrigérez jusqu'à 2 jours. Quand vous serez prêt à cuire le plat, continuez selon les directives de la recette.

Mijoteuse moyenne à grande de 4,5 à 6 litres (18 à 24 tasses)

375 ml (1 ½ tasse) de flageolets secs (voir Trucs)
500 ml (2 tasses) de bouillon de légumes (voir Trucs)
500 ml (2 tasses) d'eau
2 c. à soupe d'huile d'olive
2 poireaux (partie blanche avec un peu de vert), nettoyés et coupés en tranches (voir Trucs p. 47)
1 bulbe de fenouil, évidé et coupé en dés
4 gousses d'ail, émincées
7 ml (1 ½ c. à thé) d'herbes de Provence ou de thym séché
2 feuilles de laurier
5 ml (1 c. à thé) de sel
2 ml (½ c. à thé) de poivre noir concassé

Garniture

500 ml (2 tasses) de chapelure sèche
125 ml (½ tasse) de persil frais, haché finement
5 ml (1 c. à thé) de piment d'Alep ou 1 ml (¼ c. à thé) de piment de Cayenne (voir Trucs)
1 ml (¼ c. à thé) de sel
60 ml (¼ tasse) de beurre, fondu

1. Dans une casserole, mélanger les flageolets, le bouillon et l'eau. Porter à ébullition et laisser bouillir rapidement pendant 2 minutes. Réserver pendant 20 minutes.
2. Dans une grande poêle, chauffer l'huile d'olive à feu moyen. Faire revenir les poireaux et le fenouil environ 5 minutes, jusqu'à ce qu'ils soient tendres. Ajouter l'ail, les herbes de Provence, le laurier, le sel et le poivre. Cuire 1 minute, en remuant. Transvider dans la cocotte de la mijoteuse. Incorporer les flageolets et leur liquide et bien remuer.
3. Couvrir et cuire à basse température de 6 à 8 heures ou à température élevée de 3 à 4 heures, jusqu'à ce que les flageolets soient tendres. Retirer et jeter les feuilles de laurier.
4. *Garniture :* Préchauffer le gril. Dans un bol, bien mélanger la chapelure, le persil, le piment d'Alep et le sel. Ajouter le beurre et bien mélanger. Étaler uniformément sur les flageolets et passer sous le gril jusqu'à ce que le dessus soit légèrement doré et que les flageolets bouillonnent.

Succotash traditionnel

8 à 10 portions

CONVIENT AUX VÉGÉTALIENS
PEUT ÊTRE RÉDUITE DE MOITIÉ

Le succotash est encore meilleur si on utilise du maïs fraîchement cueilli. Ce plat est une belle tradition que l'on aime mettre en valeur à la fin de l'été et pendant tout l'automne. Cette recette donne une grande quantité, mais le succotash se conserve bien au réfrigérateur.

Trucs

Vous pouvez remplacer les haricots de Lima secs par 1 litre (4 tasses) de haricots de Lima congelés. Il suffit alors d'omettre l'étape 1.

Utilisez votre paprika préféré : doux, piquant ou fumé. Le résultat sera différent, mais toujours délicieux.

Cette recette est encore meilleure si l'on utilise du bouillon de légumes bien corsé comme le Bouillon de légumes amélioré (voir Variante p. 49). Si votre bouillon manque de goût, ajoutez-y un peu de bouillon en poudre et prenez soin de diminuer la quantité de sel indiquée dans la liste des ingrédients.

Si vous réduisez cette recette de moitié, prenez une petite mijoteuse de 2,25 à 4 litres (9 à 16 tasses).

Préparation à l'avance

Faites les étapes 1 et 2. Couvrez et réfrigérez jusqu'à 2 jours. Quand vous serez prêt à cuire le plat, continuez selon les directives de la recette.

Grande mijoteuse de 6 litres (24 tasses)

500 ml (2 tasses) de haricots de Lima secs (voir Trucs)
1 c. à soupe d'huile
2 oignons, hachés finement
4 tiges de céleri, pelées et coupées en tranches fines
2 grosses carottes, coupées en quartiers sur la longueur, puis coupées en tranches fines
4 gousses d'ail, émincées
2 brins de romarin frais ou 1 c. à soupe de romarin séché
5 ml (1 c. à thé) de sel
5 ml (1 c. à thé) de poivre noir concassé
1 boîte de 796 ml (28 oz) de tomates avec leur jus, hachées grossièrement
750 ml (3 tasses) de bouillon de légumes (voir Trucs)
10 ml (2 c. à thé) de paprika (voir Trucs)
500 ml (2 tasses) de maïs en grains
125 ml (½ tasse) de crème 35 % (facultatif)
Parmesan fraîchement râpé ou succédané végétalien (facultatif)
Muscade fraîchement râpée, au goût

1. Dans une grande casserole, porter les haricots de Lima et 1,5 litre (6 tasses) d'eau à ébullition. Laisser bouillir rapidement pendant 3 minutes. Éteindre le feu et laisser reposer pendant 1 heure. Égoutter et rincer à l'eau froide. Avec les mains, presser les haricots pour les débarrasser de leur peau. Jeter celle-ci. Transvider dans un bol, couvrir d'eau froide et réserver. Égoutter les haricots avant de les utiliser.
2. Dans une poêle, chauffer l'huile à feu moyen. Faire revenir les oignons, le céleri et les carottes environ 7 minutes, jusqu'à ce qu'ils soient tendres. Ajouter l'ail, le romarin, le sel et le poivre et remuer pendant 1 minute. Incorporer les tomates et leur jus, ainsi que le bouillon de légumes. Porter à ébullition. Transvider dans la cocotte de la mijoteuse et ajouter les haricots de Lima.
3. Couvrir et cuire à basse température pendant 8 heures ou à température élevée pendant 4 heures, jusqu'à ce que les haricots soient tendres.
4. Prélever 60 ml (¼ tasse) du liquide de cuisson. Mettre le paprika dans un petit bol. Verser lentement le liquide chaud et remuer jusqu'à consistance lisse. Verser dans la cocotte de la mijoteuse et bien remuer. Incorporer le maïs. Couvrir et cuire à température élevée 15 minutes, jusqu'à ce que le maïs soit tendre. Incorporer la crème et le parmesan, puis assaisonner de muscade, au goût.

Haricots au cidre

8 portions

CONVIENT AUX VÉGÉTALIENS
PEUT ÊTRE RÉDUITE DE MOITIÉ

Voilà une façon originale d'utiliser les petites quantités de légumineuses qui restent dans notre garde-manger. Si vous avez des invités, ajoutez la garniture ou les pommes caramélisées.

Truc
Si vous réduisez cette recette de moitié, prenez une petite mijoteuse de 2,25 à 4 litres (9 à 16 tasses).

Préparation à l'avance
Pour gagner du temps, faites tremper les haricots secs pendant la nuit. Hachez et épluchez les oignons, le céleri, les carottes, les panais et l'ail la veille. Couvrez et réfrigérez. Mesurez les épices et couvrez-les. Mélangez le cidre, l'eau et le sirop d'érable dans une tasse de 1 litre (4 tasses). Couvrez et réfrigérez toute la nuit. Le lendemain matin, rincez et égouttez les haricots et continuez selon les directives de la recette.

Grande mijoteuse de 6 litres (24 tasses)

500 ml (2 tasses) de haricots secs de différentes sortes
2 oignons, hachés finement
3 tiges de céleri, pelées et coupées en tranches fines
2 carottes, coupées en tranches fines
2 gros panais, coupés en tranches fines
2 gousses d'ail, émincées
10 ml (2 c. à thé) d'assaisonnement au chili
5 ml (1 c. à thé) de sel plus 5 ml (1 c. à thé) de poivre noir concassé
4 clous de girofle entiers
1 bâton de cannelle de 5 cm (2 po)
250 ml (1 tasse) de cidre ou de jus de pomme
250 ml (1 tasse) d'eau
125 ml (½ tasse) de sirop d'érable pur
2 c. à soupe de fécule de maïs, dissoute dans 2 c. à soupe d'eau tiède

Garniture (facultatif)
250 ml (1 tasse) de chapelure sèche
60 ml (¼ tasse) de beurre fondu ou d'huile d'olive
60 ml (¼ tasse) de persil plat, haché finement

1. Faire tremper les haricots (voir p. 105). Égoutter et réserver.
2. Dans la cocotte de la mijoteuse, mélanger les haricots, les oignons, le céleri, les carottes, les panais, l'ail, l'assaisonnement au chili, le sel, le poivre, le clou de girofle et le bâton de cannelle. Bien remuer, puis ajouter le cidre, l'eau et le sirop d'érable. Couvrir et cuire à basse température de 10 à 12 heures ou à température élevée de 5 à 6 heures, jusqu'à ce que les haricots soient tendres. Retirer et jeter le bâton de cannelle.
3. Dans un bol, dissoudre la fécule de maïs dans 2 c. à soupe du liquide de cuisson chaud et bien remuer jusqu'à consistance lisse. Ajouter jusqu'à 60 ml (¼ tasse) de liquide chaud et bien remuer. Verser dans la cocotte de la mijoteuse et bien remuer jusqu'à épaississement de la sauce.
4. *Garniture :* Préchauffer le gril. Mettre les haricots dans des soupières individuelles allant au four ou un grand plat de cuisson. Dans un bol, mélanger la chapelure, le beurre et le persil. Étaler sur les haricots et passer sous le gril jusqu'à ce que le dessus soit doré et que les haricots soient bouillonnants.

Chili vite fait aux légumes

4 portions

CONVIENT AUX VÉGÉTALIENS
IDÉAL POUR LES RÉCEPTIONS
PEUT ÊTRE RÉDUITE DE MOITIÉ

Trucs

Pour obtenir un maximum de saveur, il est recommandé de griller et de moudre les graines de cumin vous-même. *Pour griller les graines de cumin :* Mettez les graines dans un poêlon sec à feu moyen et remuez environ 3 minutes, jusqu'à ce qu'un bon arôme se dégage. Réduisez-les immédiatement en poudre très fine à l'aide d'un moulin à épices ou d'un mortier et d'un pilon.

Pour obtenir la quantité requise de légumineuses, faites cuire 250 ml (1 tasse) de haricots rouges (voir p. 105) ou prenez 1 boîte de 398 à 540 ml (14 à 19 oz) de haricots rouges rincés et égouttés.

Si vous réduisez cette recette de moitié, prenez une petite mijoteuse de 2,25 à 4 litres (9 à 16 tasses).

Préparation à l'avance

Faites les étapes 1 et 3. Couvrez et réfrigérez séparément les préparations aux tomates et aux piments jusqu'à 2 jours. (Pour un meilleur résultat, réhydratez les piments pendant la cuisson du chili ou la veille.) Quand vous serez prêt à cuire le plat, continuez selon les directives de la recette.

Mijoteuse moyenne à grande de 4 à 6 litres (16 à 24 tasses)

1 c. à soupe d'huile
2 oignons, hachés
4 tiges de céleri, en tranches fines
4 gousses d'ail, émincées
10 ml (2 c. à thé) de cumin moulu
10 ml (2 c. à thé) d'origan séché, émietté
5 ml (1 c. à thé) de sel
1 boîte de 398 ml (14 oz) de tomates en dés avec leur jus
500 ml (2 tasses) de haricots rouges secs ou en conserve, égouttés et rincés (voir Trucs p. 105)
2 piments New Mexico, ancho ou guajillo séchés *(Non mis) Assez piquant comme ça*
500 ml (2 tasses) d'eau bouillante
250 ml (1 tasse) de coriandre fraîche (feuilles et tiges), hachée grossièrement
250 ml (1 tasse) de bouillon de légumes, de jus de tomate ou d'eau
1 piment jalapeño, haché grossièrement (facultatif)
500 ml (2 tasses) de maïs en grains
1 poivron vert, haché

1. Dans une poêle, chauffer l'huile à feu moyen. Faire revenir les oignons et le céleri environ 5 minutes, jusqu'à ce qu'ils soient tendres. Ajouter l'ail, le cumin, l'origan et le sel et remuer pendant 1 minute. Ajouter les tomates et leur jus et porter à ébullition. Transvider dans la cocotte de la mijoteuse.
2. Ajouter les haricots et bien remuer. Couvrir et cuire à basse température pendant 6 heures ou à température élevée pendant 3 heures, jusqu'à ce que le tout soit chaud et bouillonnant.
3. Environ 1 heure avant la fin de la cuisson, dans un bol résistant à la chaleur, faire tremper les piments séchés dans l'eau bouillante pendant 30 minutes (mettre un poids sur le dessus pour qu'ils restent au fond du bol). Égoutter. Jeter les pédoncules et hacher grossièrement les piments. Verser dans le mélangeur et réduire en purée avec la coriandre, le bouillon de légumes et le piment jalapeño.
4. Verser dans la cocotte de la mijoteuse et bien remuer. Ajouter le maïs et le poivron et mélanger. Couvrir et cuire à température élevée pendant 20 minutes, jusqu'à ce que les poivrons soient tendres et que le chili soit chaud et bouillonnant.

Chili aux haricots noirs parfumé à l'orange

6 portions

Mijoteuse moyenne à grande de 4 à 6 litres (16 à 24 tasses)

CONVIENT AUX VÉGÉTALIENS
PEUT ÊTRE RÉDUITE DE MOITIÉ

Ce chili léger est différent de la recette classique. Le soupçon d'orange s'allie brillamment au goût des piments. Si vous aimez les plats plus piquants, ajoutez un piment jalapeño.

Trucs
Pour obtenir la quantité requise de légumineuses, faites cuire 375 ml (1 ½ tasse) de haricots noirs (voir p. 105) ou prenez 2 boîtes de 398 à 540 ml (14 à 19 oz) de haricots noirs rincés et égouttés. Dans ce cas, réservez le surplus pour un autre usage.

Si vous réduisez cette recette de moitié, prenez une petite mijoteuse de 2,25 à 4 litres (9 à 16 tasses).

Préparation à l'avance
Faites les étapes 1 et 3. Couvrez et réfrigérez séparément les préparations aux légumes et aux piments jusqu'à 2 jours. Pour un meilleur résultat, faites l'étape 3 pendant la cuisson du chili. Quand vous serez prêt à cuire le plat, continuez selon les directives de la recette.

1 c. à soupe d'huile
2 oignons, hachés finement
4 carottes, en dés
2 tiges de céleri, en dés
4 gousses d'ail, émincées
1 c. à soupe de cumin moulu (voir Trucs p. 89)
10 ml (2 c. à thé) d'origan séché
5 ml (1 c. à thé) de sel
5 ml (1 c. à thé) de poivre noir concassé
1 c. à soupe de zeste d'orange, râpé finement
500 ml (2 tasses) de bouillon de légumes
750 ml (3 tasses) de haricots noirs, cuits et égouttés (voir Trucs)
1 patate douce, épluchée et coupée en cubes de 2,5 cm (1 po)
2 piments ancho, New Mexico ou guajillo, séchés
125 ml (½ tasse) de jus d'orange fraîchement pressé
1 piment jalapeño, épépiné et haché grossièrement (facultatif)
60 ml (¼ tasse) de coriandre fraîche, hachée
1 poivron vert, épépiné et coupé en dés

1. Dans une poêle, chauffer l'huile à feu moyen. Faire revenir les oignons, les carottes et le céleri environ 7 minutes, jusqu'à ce qu'ils soient tendres. Ajouter l'ail, le cumin, l'origan, le sel, le poivre et le zeste d'orange et remuer pendant 1 minute. Ajouter le bouillon de légumes et transvider dans la cocotte de la mijoteuse.
2. Ajouter les haricots et la patate douce et bien remuer. Couvrir et cuire à basse température pendant 6 heures ou à température élevée pendant 3 heures, jusqu'à ce que le tout soit chaud et bouillonnant.
3. Environ 1 heure avant la fin de la cuisson, dans un bol résistant à la chaleur, faire tremper les piments séchés dans l'eau bouillante pendant 30 minutes (mettre un poids sur le dessus pour qu'ils restent au fond du bol). Égoutter. Jeter les pédoncules et hacher grossièrement les piments. Verser dans le mélangeur et réduire en purée avec le jus d'orange, le piment jalapeño et la coriandre.
4. Verser dans la cocotte de la mijoteuse et bien remuer. Ajouter le poivron et mélanger. Couvrir et cuire à température élevée pendant 20 minutes, jusqu'à ce que le poivron soit tendre.

Haricots rouges aux légumes verts

8 portions

CONVIENT AUX VÉGÉTALIENS
PEUT ÊTRE RÉDUITE DE MOITIÉ

Voici un repas santé bien équilibré. Si vous cuisinez pour un petit groupe, faites cuire les haricots, prenez la quantité dont vous avez besoin et servez-les avec la quantité requise de légumes verts. Réfrigérez ou congelez les haricots restants pour un autre usage.

Trucs

J'aime préparer ce plat avec du chou cavalier, mais les autres légumes verts feuillus comme le chou vert frisé font tout aussi bien l'affaire.

Le paprika fumé donne un goût plus prononcé à ce plat, en plus de lui ajouter un léger goût fumé.

Si vous réduisez cette recette de moitié, prenez une petite mijoteuse de 2,25 à 4 litres (9 à 16 tasses).

Préparation à l'avance

Faites les étapes 1 et 2. Couvrez et réfrigérez jusqu'à 2 jours. Quand vous serez prêt à cuire le plat, continuez selon les directives de la recette.

Grande mijoteuse de 6 litres (24 tasses)

500 ml (2 tasses) de haricots rouges secs
1 c. à soupe d'huile
2 oignons, hachés finement
2 tiges de céleri, hachées finement
4 gousses d'ail, émincées
5 ml (1 c. à thé) d'origan séché
5 ml (1 c. à thé) de sel
2 ml (½ c. à thé) de poivre noir concassé
2 ml (½ c. à thé) de thym séché
2 feuilles de laurier
1 ml (¼ c. à thé) de piment de la Jamaïque moulu ou 6 baies entières de piment de la Jamaïque mises dans un morceau d'étamine
1 litre (4 tasses) de bouillon de légumes
5 ml (1 c. à thé) de paprika fumé, dissous dans 1 c. à soupe d'eau bouillante (facultatif) (voir Trucs)

LÉGUMES VERTS

2 litres (8 tasses) de légumes verts, bien lavés, équeutés et hachés
Beurre ou huile d'olive
1 c. à soupe de vinaigre balsamique
Sel et poivre noir du moulin, au goût

1. Faire tremper les haricots secs selon la méthode indiquée à la p. 105. Rincer, égoutter et réserver.
2. Dans une grande poêle, chauffer l'huile à feu moyen. Faire revenir les oignons et le céleri environ 5 minutes, jusqu'à ce qu'ils soient tendres. Ajouter l'ail, l'origan, le sel, le poivre, le thym, le laurier et le piment de la Jamaïque. Remuer pendant 1 minute. Ajouter 500 ml (2 tasses) de bouillon et bien mélanger. Transvider dans la cocotte de la mijoteuse.
3. Ajouter le bouillon restant et les haricots. Couvrir et cuire à basse température de 8 à 10 heures ou à température élevée de 4 à 5 heures, jusqu'à ce que les haricots soient tendres. Retirer et jeter les feuilles de laurier et l'étamine contenant les baies de piment de la Jamaïque. Incorporer le paprika dilué.
4. *Légumes verts :* Faire cuire les légumes verts à la vapeur jusqu'à ce qu'ils soient tendres (environ 10 minutes pour le chou cavalier). Mélanger avec le beurre et le vinaigre balsamique. Saler et poivrer, au goût. Mélanger avec les haricots et servir immédiatement.

Haricots verts et pois jaunes à l'indienne

6 portions

CONVIENT AUX VÉGÉTALIENS
PEUT ÊTRE RÉDUITE DE MOITIÉ

Ce plat est simple et délicieux. Servez-le avec du pain indien et une salade de concombre ou préparez-le pour un repas composé de divers mets indiens.

Trucs

Vous pouvez prendre de l'huile de noix de coco pour faire revenir les légumes. Cela ajoutera un léger goût de noisette agréable à votre plat.

Pour obtenir un maximum de saveur, il est recommandé de griller et de moudre les graines de cumin et de coriandre vous-même. *Pour griller les graines de cumin et de coriandre:* Mettez les graines dans un poêlon sec à feu moyen et remuez environ 3 minutes, jusqu'à ce qu'un bon arôme se dégage. Réduisez-les immédiatement en poudre très fine à l'aide d'un moulin à épices ou d'un mortier et d'un pilon.

Si vous réduisez cette recette de moitié, prenez une petite mijoteuse de 2,25 à 4 litres (9 à 16 tasses).

Mijoteuse moyenne à grande de 4 à 6 litres (16 à 24 tasses)

250 ml (1 tasse) de pois cassés jaunes, rincés
1 c. à soupe d'huile (voir Trucs)
2 oignons, hachés finement
4 gousses d'ail, émincées
1 c. à soupe de gingembre frais, émincé
1 c. à soupe de cumin moulu (voir Trucs)
10 ml (2 c. à thé) de coriandre moulue (voir Trucs)
5 ml (1 c. à thé) de curcuma moulu
5 ml (1 c. à thé) de poivre noir concassé
2 feuilles de laurier
1 boîte de 398 ml (14 oz) de tomates en dés avec leur jus
500 ml (2 tasses) de bouillon de légumes
500 ml (2 tasses) de haricots verts congelés, en morceaux
1 ml (¼ c. à thé) de piment de Cayenne, dissous dans 1 c. à soupe de jus de citron fraîchement pressé
250 ml (1 tasse) de lait de coco (facultatif)
125 ml (½ tasse) de coriandre fraîche, hachée finement

1. Dans une casserole, mélanger les pois avec 1,5 litre (6 tasses) d'eau froide et porter à ébullition. Laisser bouillir rapidement pendant 3 minutes. Retirer du feu et réserver pendant 1 heure. Rincer à l'eau froide, égoutter et réserver.
2. Pendant ce temps, dans une grande poêle, chauffer l'huile à feu moyen. Faire revenir les oignons environ 3 minutes, jusqu'à ce qu'ils soient tendres. Ajouter l'ail, le gingembre, le cumin, la coriandre, le curcuma, le poivre et le laurier. Remuer pendant 1 minute. Ajouter les tomates et leur jus ainsi que les pois cassés. Porter à ébullition et transvider dans la cocotte de la mijoteuse.
3. Ajouter le bouillon de légumes et les haricots verts. Bien mélanger, couvrir et cuire à basse température de 8 à 10 heures ou à température élevée de 4 à 5 heures, jusqu'à ce que les pois soient tendres. Incorporer le piment de Cayenne dilué et le lait de coco. Ajouter la coriandre et bien mélanger. Couvrir et cuire à température élevée pendant 20 minutes. Retirer et jeter les feuilles de laurier avant de servir.

Préparation à l'avance

Faites les étapes 1 et 2. Couvrez et réfrigérez jusqu'à 2 jours. Quand vous serez prêt à cuire le plat, continuez selon les directives de la recette.

Dal aux tomates et aux épinards

4 à 6 portions

CONVIENT AUX VÉGÉTALIENS
PEUT ÊTRE RÉDUITE DE MOITIÉ

Ce dal moyennement épicé est délicieux servi sur du riz chaud ou comme plat principal. Ajoutez du yogourt comme garniture si vous souhaitez qu'il ait une touche crémeuse.

Trucs

Pour obtenir un maximum de saveur, il est recommandé de griller et de moudre les graines de cumin et de coriandre vous-même. *Pour griller les graines de cumin et de coriandre:* Mettez les graines dans un poêlon sec à feu moyen et remuez environ 3 minutes, jusqu'à ce qu'un bon arôme se dégage. Réduisez-les immédiatement en poudre très fine à l'aide d'un moulin à épices ou d'un mortier et d'un pilon.

Si vous réduisez cette recette de moitié, prenez une petite mijoteuse d'environ 3,5 litres (15 tasses).

Préparation à l'avance

Faites les étapes 1 et 2. Couvrez et réfrigérez jusqu'à 2 jours. Quand vous serez prêt à cuire le plat, continuez selon les directives de la recette.

Grande mijoteuse de 6 litres (24 tasses)

500 ml (2 tasses) de pois cassés jaunes, rincés
1 c. à soupe d'huile
1 oignon, haché finement
6 carottes, en dés
6 gousses d'ail, hachées finement
1 c. à soupe de gingembre fais, émincé
1 c. à soupe de cumin moulu (voir Trucs)
1 c. à soupe de coriandre moulue (voir Trucs)
5 ml (1 c. à thé) de sel
5 ml (1 c. à thé) de poivre noir concassé
1 boîte de 796 ml (28 oz) de tomates avec leur jus, hachées grossièrement
1 litre (4 tasses) de bouillon de légumes
5 ml (1 c. à thé) de cari, dissous dans 1 c. à soupe de jus de citron fraîchement pressé
250 g (8 oz) de feuilles d'épinards, équeutées ou 1 paquet de 300 g (10 oz) d'épinards décongelés
Yogourt nature ou succédané végétalien (facultatif)

1. Dans une grande casserole, mélanger les pois cassés avec 2 litres (8 tasses) d'eau froide et porter à ébullition. Baisser le feu et laisser bouillir pendant 25 minutes, jusqu'à ce qu'ils soient tendres. Égoutter.
2. Pendant ce temps, dans une poêle, chauffer l'huile à feu moyen. Faire revenir les oignons et les carottes environ 7 minutes, jusqu'à ce qu'ils soient tendres. Ajouter l'ail, le gingembre, le cumin, la coriandre, le sel, le poivre et remuer pendant 1 minute. Ajouter les tomates et leur jus et porter à ébullition en les défaisant en morceaux à l'aide d'une cuillère. Transvider dans la cocotte de la mijoteuse et ajouter le bouillon de légumes et les pois. Bien mélanger.
3. Couvrir et cuire à basse température pendant 8 heures ou à température élevée pendant 4 heures, jusqu'à ce que les pois soient tendres. Incorporer le cari dilué. Ajouter les épinards, quelques-uns à la fois, et bien les submerger après chaque addition. Couvrir et cuire à température élevée pendant 20 minutes, jusqu'à ce que les épinards soient cuits et que le dal soit bouillonnant. Verser dans des bols et garnir de yogourt, au goût.

VARIANTE

On peut remplacer 2 carottes par 2 panais.

Doliques à œil noir et légumes verts

4 portions

CONVIENT AUX VÉGÉTALIENS
PEUT ÊTRE RÉDUITE DE MOITIÉ

Ce mélange de légumineuses et de légumes verts est idéal pour les soirs de week-end où vous êtes occupés. Servez-le tout simplement avec du pain de grains entiers.

Trucs

Pour obtenir la quantité requise de doliques, faites cuire 250 ml (1 tasse) de doliques à œil noir secs (voir p. 105) ou prenez 1 boîte de 398 à 540 ml (14 à 19 oz) de doliques à œil noir rincés et égouttés.

Vous pouvez utiliser votre paprika préféré : ordinaire ; piquant pour rehausser le goût ; ou fumé pour ajouter un léger goût fumé à votre plat. Si vous avez du paprika ordinaire et que vous voulez lui donner du piquant, il faut dissoudre 1 ml (¼ c. à thé) de piment de Cayenne dans le jus de citron en même temps que le paprika.

Si vous réduisez cette recette de moitié, prenez une petite mijoteuse de 2,25 à 4 litres (9 à 16 tasses).

Mijoteuse moyenne à grande de 4 à 6 litres (16 à 24 tasses)

1 c. à soupe d'huile
2 oignons, hachés finement
1 bulbe de fenouil, évidé et coupé en tranches fines sur la hauteur (voir Trucs p. 35)
4 gousses d'ail, émincées
2 ml (½ c. à thé) de sel, ou au goût
2 ml (½ c. à thé) de poivre noir concassé
1 ml (¼ c. à thé) de graines de fenouil, grillées et moulues (voir Trucs p. 27)
1 boîte de 398 ml (14 oz) de tomates en dés avec leur jus
500 ml (2 tasses) de doliques à œil noir, cuits et égouttés (voir Trucs)
5 ml (1 c. à thé) de paprika, dissous dans 2 c. à soupe de jus de citron fraîchement pressé (voir Trucs)
1 litre (4 tasses) d'épinards ou de bettes à cardes, équeutés et hachés

1. Dans une poêle, chauffer l'huile à feu moyen. Faire revenir les oignons et le fenouil environ 5 minutes, jusqu'à ce qu'ils soient tendres. Ajouter l'ail, le sel, le poivre et les graines de fenouil. Cuire 1 minute, en remuant. Incorporer les tomates et leur jus et porter à ébullition. Transvider dans la cocotte de la mijoteuse.
2. Ajouter les doliques, couvrir et cuire à basse température pendant 8 heures ou à température élevée pendant 4 heures, jusqu'à ce que les doliques soient tendres. Incorporer le paprika dilué. Ajouter les épinards, quelques-uns à la fois, et bien les submerger après chaque addition. Couvrir et cuire à température élevée pendant 20 minutes, jusqu'à ce qu'ils soient tendres.

Préparation à l'avance

Faites l'étape 1. Couvrez et réfrigérez jusqu'à 2 jours. Quand vous serez prêt à cuire le plat, continuez selon les directives de la recette.

Haricots rouges aux légumes verts, page 93

Doliques à œil noir et légumes verts, page 96

Tajine de courges et de pois chiches aux champignons, page 98

Oignons braisés de La Nouvelle-Orléans, page 113

Haricots de Lima au cheddar fort, page 119

Oranges au Cointreau, page 125

Pouding au riz noir collant au lait de coco, page 128

Plum-pudding, page 130

Pois chiches aux épinards à l'espagnole

moyen

4 portions

CONVIENT AUX VÉGÉTALIENS
PEUT ÊTRE RÉDUITE DE MOITIÉ

Trucs

Pour obtenir un maximum de saveur, il est recommandé de griller et de moudre les graines de cumin vous-même. *Pour griller les graines de cumin :* Mettez les graines dans un poêlon sec à feu moyen et remuez environ 3 minutes, jusqu'à ce qu'un bon arôme se dégage. Réduisez-les immédiatement en poudre très fine à l'aide d'un moulin à épices ou d'un mortier et d'un pilon.

Pour obtenir la quantité requise de légumineuses, vous pouvez cuire 250 ml (1 tasse) de pois chiches secs (voir recette de base p. 105) ou utiliser une boîte de 398 à 540 ml (14 à 19 oz) de pois chiches rincés et égouttés.

Si vous réduisez cette recette de moitié, prenez une petite mijoteuse de 2,25 à 4 litres (9 à 16 tasses).

Mijoteuse petite à moyenne de 2,25 à 4,5 litres (9 à 18 tasses)

1 c. à soupe d'huile d'olive
2 oignons, hachés finement
6 gousses d'ail, émincées
1 c. à soupe de cumin moulu (voir Trucs)
5 ml (1 c. à thé) de sel
2 ml (½ c. à thé) de poivre noir concassé
Une pincée de filaments de safran, émiettés
1 pomme de terre, épluchée et râpée
500 ml (2 tasses) de pois chiches, cuits et égouttés (voir Trucs)
1 c. à soupe de paprika doux
1 c. à soupe de vinaigre de xérès
1 c. à soupe d'eau
1,5 litre (6 tasses) de feuilles d'épinards (environ 175 g/6 oz)

1. Dans une poêle, chauffer l'huile d'olive à feu moyen. Faire revenir les oignons environ 3 minutes, jusqu'à ce qu'ils soient tendres. Ajouter l'ail, le cumin, le sel, le poivre et le safran. Cuire 1 minute, en remuant. Incorporer la pomme de terre et remuer pour bien l'enrober.
2. Ajouter les pois chiches, couvrir et cuire à basse température pendant 6 heures ou à température élevée pendant 3 heures, jusqu'à ce que le tout soit chaud et bouillonnant.
3. Dans un petit bol, bien amalgamer le paprika, le vinaigre et l'eau. Verser dans la cocotte de la mijoteuse et bien remuer. Ajouter les épinards, quelques-uns à la fois, et bien les submerger après chaque addition. Couvrir et cuire à température élevée pendant 10 minutes pour les réchauffer.

Préparation à l'avance

Faites l'étape 1, mais sans mettre les pommes de terre. Couvrez et réfrigérez jusqu'à 2 jours. Quand vous serez prêt à cuire le plat, râpez la pomme de terre avant de la mettre dans la cocotte de la mijoteuse et continuez selon les directives de la recette.

Tajine de courges et de pois chiches aux champignons

6 portions

Mijoteuse moyenne à grande de 4 à 6 litres (16 à 24 tasses)

CONVIENT AUX VÉGÉTALIENS
IDÉAL POUR LES RÉCEPTIONS
PEUT ÊTRE RÉDUITE DE MOITIÉ

Servez ce plat sur un lit de couscous de blé entier avec des épinards ou des bettes à cardes.

Trucs

J'aime bien que ce plat ait un goût de gingembre prononcé. Si vous n'en raffolez pas autant que moi, n'hésitez pas à en mettre moins.

Pour obtenir la quantité requise de légumineuses, vous pouvez cuire 250 ml (1 tasse) de pois chiches secs (voir recette de base p. 105) ou utiliser une boîte de 398 à 540 ml (14 à 19 oz) de pois chiches rincés et égouttés.

Si vous réduisez cette recette de moitié, prenez une petite mijoteuse de 2,25 litres (9 tasses) environ.

1 c. à soupe d'huile
1 oignon, haché finement
2 carottes, en dés (environ 250 ml/1 tasse)
4 gousses d'ail, émincées
1 bâton de cannelle de 5 cm (2 po)
2 c. à soupe de gingembre frais, émincé (voir Trucs)
5 ml (1 c. à thé) de curcuma moulu
2 ml (½ c. à thé) de sel
2 ml (½ c. à thé) de poivre noir concassé
1 boîte de 796 ml (28 oz) de tomates en dés avec leur jus, hachées grossièrement
750 ml (3 tasses) de courge musquée ou de citrouille, coupée en cubes de 2,5 cm (1 po)
500 ml (2 tasses) de pois chiches, cuits et égouttés (voir Trucs)
250 g (8 oz) de champignons de Paris (retirer les pieds), coupés en deux
1 c. à soupe de miel liquide
1 c. à soupe de jus de citron fraîchement pressé
60 ml (¼ tasse) de raisins de Corinthe (facultatif)

1. Dans une grande poêle, chauffer l'huile à feu moyen. Faire revenir les oignons et les carottes environ 7 minutes, jusqu'à ce qu'ils soient tendres. Ajouter l'ail, le bâton de cannelle, le gingembre, le curcuma, le sel et le poivre. Cuire 1 minute, en remuant. Ajouter les tomates et leur jus et porter à ébullition. Transvider dans la cocotte de la mijoteuse.
2. Ajouter les cubes de courge, les pois chiches et les champignons. Couvrir et cuire à basse température pendant 8 heures ou à température élevée pendant 4 heures, jusqu'à ce que les légumes soient tendres. Retirer et jeter le bâton de cannelle.
3. Dans un petit bol, mélanger le miel et le jus de citron. Verser dans la cocotte de la mijoteuse et mélanger. Au moment de servir, garnir de raisins de Corinthe.

Préparation à l'avance

Faites l'étape 1. Couvrez et réfrigérez jusqu'à 2 jours. Quand vous serez prêt à cuire le plat, continuez selon les directives de la recette.

Ragoût de lentilles à l'aubergine

6 portions

CONVIENT AUX VÉGÉTALIENS
PEUT ÊTRE RÉDUITE DE MOITIÉ

Voici un délicieux mélange de saveurs et de textures. Servez ce ragoût avec une simple salade verte.

Trucs

Pour faire dégorger l'aubergine: Mettez les cubes d'aubergine dans une passoire, saupoudrez généreusement de sel, mélangez et laissez reposer de 30 à 60 minutes. Si vous manquez de temps, blanchissez les morceaux d'aubergine de 1 à 2 minutes dans une eau très salée. Rincez à l'eau froide et pressez avec les mains pour extraire le maximum de liquide. Épongez avec des serviettes en papier.

Pour obtenir un maximum de saveur, il est recommandé de griller et de moudre les graines de cumin vous-même. *Pour griller les graines de cumin:* Mettez les graines dans un poêlon sec à feu moyen et remuez environ 3 minutes, jusqu'à ce qu'un bon arôme se dégage. Réduisez-les immédiatement en poudre très fine à l'aide d'un moulin à épices ou d'un mortier et d'un pilon.

Si vous réduisez cette recette de moitié, prenez une petite mijoteuse de 2,25 à 4 litres (9 à 16 tasses).

Mijoteuse moyenne de 4,5 litres (18 tasses)

1 aubergine moyenne (environ 500 g/1 lb), pelée, coupée en cubes de 5 cm (2 po) et dégorgée (voir Trucs)
Environ 2 c. à soupe d'huile d'olive
2 oignons, hachés finement
4 gousses d'ail, émincées
1 c. à soupe de cumin moulu (voir Trucs)
5 ml (1 c. à thé) de zeste de citron, râpé finement
5 ml (1 c. à thé) de sel
2 ml (½ c. à thé) de poivre noir concassé
250 ml (1 tasse) de lentilles brunes ou vertes, rincées
750 ml (3 tasses) de bouillon de légumes
1 c. à soupe de jus de citron fraîchement pressé
125 ml (½ tasse) d'aneth, haché finement

1. Dans une poêle, chauffer l'huile d'olive à feu moyen-vif. Faire revenir quelques cubes d'aubergine à la fois, jusqu'à ce qu'ils commencent à dorer (ajouter de l'huile, au besoin). Mettre l'aubergine dans la cocotte de la mijoteuse.
2. Dans la même poêle, ajouter de l'huile, au besoin, et cuire les oignons environ 3 minutes, jusqu'à ce qu'ils soient tendres. Ajouter l'ail, le cumin, le zeste de citron, le sel et le poivre. Cuire 1 minute, en remuant. Ajouter les lentilles et bien les enrober. Transvider dans la cocotte de la mijoteuse et ajouter le bouillon de légumes.
3. Couvrir et cuire à basse température de 6 à 8 heures ou à température élevée de 3 à 4 heures, jusqu'à ce que les lentilles soient tendres. Incorporer le jus de citron et l'aneth.

Préparation à l'avance

Faites l'étape 1. Couvrez et réfrigérez jusqu'à 2 jours. Quand vous serez prêt à cuire le plat, continuez selon les directives de la recette.

Très bon.

Tourte aux lentilles aux poivrons rouges, au fromage de chèvre et au fenouil

6 portions

Mijoteuse moyenne à grande de 4,5 à 6 litres (18 à 24 tasses)

IDÉAL POUR LES RÉCEPTIONS
PEUT ÊTRE RÉDUITE DE MOITIÉ

La douce saveur du fenouil se marie bien avec la chaleur du poivre noir et l'acidité du vinaigre balsamique. La chapelure donne une belle consistance au plat, tandis que le fromage de chèvre lui transmet un goût acidulé fort agréable. Complétez votre repas par une salade verte.

Trucs

Si vous avez l'intention de servir la mijoteuse à table, utilsez-en une grande de forme ovale. Si vous souhaitez faire une présentation plus élégante, transvider la préparation dans un plat de cuisson avant d'ajouter la garniture.

La quantité de poivre noir donne beaucoup de caractère aux lentilles. Si vous préférez un goût plus doux, réduisez la quantité.

Si vous utilisez un bouillon du commerce très salé, réduisez la quantité de sel indiquée dans la recette.

Si vous réduisez cette recette de moitié, prenez une petite mijoteuse de 2,25 litres (9 tasses) environ.

1 c. à soupe d'huile d'olive
2 oignons, en dés
1 gros bulbe de fenouil, paré, évidé et coupé en dés
4 gousses d'ail, émincées
5 ml (1 c. à thé) de thym séché
5 ml (1 c. à thé) de poivre noir concassé (voir Trucs)
2 ml (½ c. à thé) de sel (voir Trucs)
250 ml (1 tasse) de lentilles brunes ou vertes, rincées
1 c. à soupe de vinaigre balsamique
750 ml (3 tasses) de bouillon de légumes (voir Trucs)
1 poivron rouge, épépiné et coupé en dés
500 ml (2 tasses) de chapelure fraîche
125 g (4 oz) de fromage de chèvre doux, émietté

1. Dans une poêle, chauffer l'huile d'olive à feu moyen. Faire revenir les oignons et le fenouil environ 5 minutes, jusqu'à ce qu'ils soient tendres. Ajouter l'ail, le thym, le poivre et le sel. Cuire 1 minute, en remuant. Ajouter les lentilles et bien les enrober. Incorporer le vinaigre et le bouillon de légumes et porter à ébullition. Transvider dans la cocotte de la mijoteuse.
2. Couvrir et cuire à basse température pendant 6 heures ou à température élevée pendant 3 heures, jusqu'à ce que les lentilles soient tendres. Incorporer le poivron. Couvrir et cuire à température élevée pendant 15 minutes, jusqu'à ce qu'il soit tendre.
3. Pendant ce temps, préchauffer le gril du four. Dans un bol, bien mélanger la chapelure et le fromage. Étaler uniformément sur les lentilles et passer sous le gril jusqu'à ce que la chapelure et le fromage commencent à dorer. Servir immédiatement.

Préparation à l'avance

Faites l'étape 1. Couvrez et réfrigérez jusqu'à 2 jours. Quand vous serez prêt à cuire le plat, continuez selon les directives de la recette.

Lentilles aux tomates séchées et aux poivrons rôtis parfumées au cumin

6 portions

Mijoteuse moyenne de 4,5 litres (18 tasses)

CONVIENT AUX VÉGÉTALIENS
IDÉAL POUR LES RÉCEPTIONS
PEUT ÊTRE RÉDUITE DE MOITIÉ

J'aime ces saveurs du Moyen-Orient qui avivent ce plat délectable. Voici une recette qui sait réchauffer le cœur.

Trucs

Je mets un peu de lentilles rouges dans cette recette parce qu'elles fondent dans le liquide chaud et deviennent très crémeuses. Si vous n'en avez pas, remplacez la quantité indiquée par d'autres lentilles brunes ou vertes.

Si vous n'avez pas de tomates séchées, remplacez-les par 1 c. à soupe de pâte de tomate.

Si vous n'avez pas de harissa, vous pouvez faire la vôtre (voir Note p. 37) ou dissoudre 2 ml (½ c. à thé) de piment de Cayenne dans 1 c. à soupe de jus de citron fraîchement pressé et l'ajouter à la recette en même temps que les poivrons rouges.

Si vous réduisez cette recette de moitié, prenez une petite mijoteuse de 2,25 à 4 litres (9 à 16 tasses).

1 c. à soupe d'huile d'olive
1 oignon, haché finement
2 tiges de céleri, en dés
4 gousses d'ail, émincées
1 c. à soupe de cumin moulu
1 c. à soupe de coriandre moulue
5 ml (1 c. à thé) de sel
5 ml (1 c. à thé) de poivre noir concassé
250 ml (1 tasse) de lentilles brunes ou vertes, rincées
125 ml (½ tasse) de lentilles rouges, rincées (voir Trucs)
1 boîte de 398 ml (14 oz) de tomates en dés avec leur jus
2 tomates séchées, hachées finement (voir Trucs)
500 ml (2 tasses) de bouillon de légumes
2 poivrons rouges rôtis, en tranches fines
5 à 10 ml (1 à 2 c. à thé) de harissa (voir Trucs)
Coriandre fraîche, hachée finement

1. Dans une poêle, chauffer l'huile d'olive à feu moyen. Faire revenir l'oignon et le céleri environ 5 minutes, jusqu'à ce qu'ils soient tendres. Ajouter l'ail, le cumin, la coriandre, le sel et le poivre. Cuire 1 minute, en remuant. Ajouter les lentilles et bien remuer pour les enrober. Ajouter les tomates et leur jus, ainsi que les tomates séchées. Transvider dans la cocotte de la mijoteuse.
2. Incorporer le bouillon de légumes. Couvrir et cuire à basse température pendant 6 heures ou à température élevée pendant 3 heures, jusqu'à ce que les lentilles soient tendres. Ajouter les poivrons et la harissa. Mélanger, couvrir et cuire à température élevée pendant 15 minutes. Garnir de coriandre et servir.

Préparation à l'avance

Faites l'étape 1. Couvrez et réfrigérez jusqu'à 2 jours. Quand vous serez prêt à cuire le plat, continuez selon les directives de la recette.

Œufs pochés sur lit de lentilles épicées

4 portions

PEUT ÊTRE RÉDUITE DE MOITIÉ

Ce plat est idéal pour les soirées hivernales. Mettez des piments si vous aimez les plats relevés et servez-le avec du pain nan et du riz bien chauds. La variante, qui contient des œufs durs, convient aux buffets ou aux repas d'inspiration indienne.

Trucs

Pour pocher les œufs: Dans une casserole profonde, à feu moyen, porter environ 5 cm (2 po) d'eau légèrement salée à ébullition. Baisser à feu doux. Casser les œufs dans une tasse à mesurer et tenir la tasse juste au-dessus de l'eau. Faire glisser les œufs dans l'eau et cuire de 3 à 4 minutes, jusqu'à ce que les blancs soient pris et que les jaunes soient encore mous. Retirer à l'aide d'une écumoire.

Si vous réduisez cette recette de moitié, prenez une petite mijoteuse de 2,25 à 4 litres (9 à 16 tasses).

Préparation à l'avance

Faites l'étape 1. Couvrez et réfrigérez jusqu'à 2 jours. Quand vous serez prêt à cuire le plat, continuez selon les directives de la recette.

Mijoteuse moyenne de 4,5 litres (18 tasses)

1 c. à soupe d'huile
2 oignons, hachés finement
1 c. à soupe d'ail, émincé
1 c. à soupe de gingembre frais, émincé
5 ml (1 c. à thé) de coriandre moulue
5 ml (1 c. à thé) de cumin moulu
5 ml (1 c. à thé) de poivre noir concassé
250 ml (1 tasse) de lentilles rouges, rincées
1 boîte de 796 ml (28 oz) de tomates avec leur jus, hachées grossièrement
500 ml (2 tasses) de bouillon de légumes
250 ml (1 tasse) de lait de coco
Sel, au goût
1 long chili vert ou 2 piments oiseaux thaïs, hachés finement (facultatif)
4 œufs pochés (voir Trucs)
Persil frais, haché finement (facultatif)

1. Dans une poêle, chauffer l'huile à feu moyen. Faire revenir les oignons environ 3 minutes, jusqu'à ce qu'ils soient tendres. Ajouter l'ail, le gingembre, la coriandre, le cumin et le poivre. Cuire 1 minute, en remuant. Ajouter les lentilles, les tomates et leur jus, ainsi que le bouillon de légumes. Porter à ébullition et transvider dans la cocotte de la mijoteuse.
2. Couvrir et cuire à basse température pendant 6 heures ou à température élevée pendant 3 heures, jusqu'à ce que les lentilles soient tendres et que le tout soit bouillonnant. Incorporer le lait de coco, le sel et les piments, si désiré. Couvrir et cuire à température élevée de 20 à 30 minutes.
3. Verser les lentilles dans des bols à soupe et mettre un œuf poché sur chaque portion. Garnir de persil et servir.

VARIANTE

Cari aux œufs et aux lentilles: Remplacer les œufs pochés par 4 à 6 œufs durs. Les écaler et les couper en deux. Servir le cari dans un grand plat et poser les œufs sur le dessus. Garnir de persil.

Pâté chinois aux lentilles

6 portions

CONVIENT AUX VÉGÉTALIENS
IDÉAL POUR LES RÉCEPTIONS
PEUT ÊTRE RÉDUITE DE MOITIÉ

Voici le plat réconfortant par excellence. N'oubliez pas que les restes de pâté chinois sont aussi très bons.

Trucs

- Vous pouvez utiliser un restant de purée de pommes de terre pour faire cette recette. Si la réfrigération l'a solidifiée, sortez-la de son contenant et mettez-la sur une planche à découper pour la détailler en tranches. Étendez celles-ci uniformément sur le pâté chinois et elles ramolliront au contact du liquide chaud.

Si vous réduisez cette recette de moitié, prenez une petite mijoteuse de 2,25 à 4 litres (9 à 16 tasses).

Préparation à l'avance

Faites l'étape 1 et la purée de pommes de terre. Couvrez et réfrigérez séparément la préparation aux lentilles et la purée de pommes de terre jusqu'à 2 jours. Quand vous serez prêt à cuire le plat, continuez selon les directives de la recette.

Grande mijoteuse ovale de 6 litres (24 tasses)

PÂTÉ CHINOIS

1 c. à soupe d'huile
2 oignons, hachés finement
4 tiges de céleri, coupées en tranches fines
2 grosses carottes, coupées en tranches fines
1 c. à soupe d'ail, émincé
5 ml (1 c. à thé) de sel
2 ml (½ c. à thé) de thym séché
2 ml (½ c. à thé) de poivre noir concassé
375 ml (1 ½ tasse) de lentilles brunes ou vertes, rincées
1 boîte de 796 ml (28 oz) de tomates avec leur jus, hachées grossièrement
500 ml (2 tasses) de bouillon de légumes

GARNITURE

1 litre (4 tasses) de purée de pommes de terre (voir Trucs)
250 ml (1 tasse) de chapelure sèche

1. Dans une grande poêle, chauffer l'huile à feu moyen. Faire revenir les oignons, le céleri et les carottes environ 7 minutes, jusqu'à ce qu'ils soient tendres. Ajouter l'ail, le sel, le thym et le poivre. Cuire 1 minute, en remuant. Ajouter les lentilles et les tomates avec leur jus. Porter à ébullition et transvider dans la cocotte de la mijoteuse. Incorporer le bouillon.
2. Couvrir et cuire à basse température pendant 6 heures ou à température élevée pendant 3 heures, jusqu'à ce que les lentilles soient tendres.
3. *Garniture:* Dans un bol, bien mélanger la purée de pommes de terre et la chapelure. Étaler uniformément sur le dessus du pâté chinois. Couvrir et cuire à température élevée pendant 1 heure, jusqu'à ce que le tout soit chaud et bouillonnant.

VARIANTE

Une fois que l'on a mis la couche de pommes de terre et de chapelure, couvrir uniformément le dessus du pâté chinois avec 250 ml (1 tasse) de cheddar râpé en filaments.

Cari au tempeh et au lait de coco à la thaïlandaise

4 portions

CONVIENT AUX VÉGÉTALIENS
PEUT ÊTRE RÉDUITE DE MOITIÉ

Voici un cari vert thaïlandais à base de tempeh. J'aime le servir sur du riz brun cuit à la vapeur.

Trucs

On peut trouver des feuilles de combava séchées ou congelées dans les épiceries orientales et les boutiques spécialisées.

Si vous réduisez cette recette de moitié, prenez une petite mijoteuse de 2,25 litres (9 tasses).

Mijoteuse moyenne de 4,5 litres (18 tasses)

5 ml (1 c. à thé) de poudre de cari doux
250 g (8 oz) de tempeh, en tranches de 6 mm (¼ po)
2 c. à soupe d'huile d'olive ou d'huile de noix de coco
2 oignons, hachés finement
2 carottes, en tranches fines
4 gousses d'ail, émincées
1 c. à soupe de gingembre frais, émincé
5 ml (1 c. à thé) de poivre noir concassé
2 ml (½ c. à thé) de sel
2 feuilles de combava (citron vert sauvage) séchées ou congelées (voir Trucs)
500 ml (2 tasses) de bouillon de légumes
10 ml (2 c. à thé) de pâte de cari vert thaïe
1 boîte de 400 ml (14 oz) de lait de coco
1 c. à soupe de miso blanc
250 ml (1 tasse) de petits pois frais ou décongelés

1. Saupoudrer le tempeh de poudre de cari. Dans une poêle, chauffer l'huile à feu moyen-vif. Faire dorer le tempeh environ 4 minutes, en le retournant une seule fois. Réserver dans un bol. Couvrir et réfrigérer jusqu'au moment de l'utilisation.
2. Baisser la température à feu moyen. Dans la même poêle, faire revenir les oignons et les carottes environ 5 minutes, jusqu'à ce qu'ils soient tendres. Ajouter l'ail, le gingembre, le poivre, le sel et les feuilles de combava. Cuire 1 minute, en remuant. Ajouter le bouillon de légumes et transvider dans la cocotte de la mijoteuse.
3. Couvrir et cuire à basse température pendant 6 heures ou à température élevée pendant 3 heures. Dans un petit bol, bien mélanger la pâte de cari et 60 ml (¼ tasse) de lait de coco. Ajouter le miso et bien remuer. Verser dans la cocotte de la mijoteuse, puis ajouter les petits pois, le lait de coco restant et le tempeh. Couvrir et cuire à température élevée pendant 15 minutes, jusqu'à ce que les pois soient tendres et que le tempeh soit chaud.

Préparation à l'avance

Faites les étapes 1 et 2. Couvrez et réfrigérez séparément les préparations au tempeh et aux légumes jusqu'à 2 jours. Quand vous serez prêt à cuire le plat, continuez selon les directives de la recette.

Moussaka au tofu

6 portions

CONVIENT AUX VÉGÉTALIENS
IDÉAL POUR LES RÉCEPTIONS
PEUT ÊTRE RÉDUITE DE MOITIÉ

Cette variante de la moussaka grecque est aussi savoureuse que l'originale. La garniture au tofu est inhabituelle et délicieuse.

Trucs

Pour obtenir la quantité requise de légumineuses, vous pouvez cuire 250 ml (1 tasse) de pois chiches secs (voir recette de base p. 105) ou utiliser une boîte de 398 à 540 ml (14 à 19 oz) de pois chiches rincés et égouttés.

Si vous utilisez une boîte ou un pot de sauce tomate du commerce qui contient une quantité moindre que celle qui est indiquée, ne vous en faites pas. La moussaka sera réussie si vous en mettez de 675 à 800 ml (2 ¾ à 3 ¼ tasses).

Le tofu mou et le tofu soyeux sont recommandés pour faire les sauces. Le tofu ferme convient davantage aux plats sautés parce qu'il garde sa forme, malgré la cuisson. Le tofu mi-ferme est idéal pour la garniture (étape 4).

Grande mijoteuse ovale d'au moins 6 litres (24 tasses)
Robot de cuisine ou mélangeur

2 aubergines moyennes d'environ 500 g (1 lb) chacune, coupées en cubes de 5 cm (2 po) et dégorgées (voir Trucs p. 66)
Environ 2 c. à soupe d'huile d'olive
2 oignons moyens, hachés finement
4 gousses d'ail, émincées
5 ml (1 c. à thé) d'origan séché
5 ml (1 c. à thé) de cumin moulu (voir Trucs p. 97)
2 ml (½ c. à thé) de sel
2 ml (½ c. à thé) de poivre noir concassé
500 ml (2 tasses) de pois chiches (voir Trucs)
750 ml (3 tasses) de sauce tomate (voir Trucs)

Garniture
500 g (1 lb) de tofu ferme (voir Trucs)
2 œufs
125 ml (½ tasse) de parmesan fraîchement râpé
Une pincée de muscade et une pincée de cannelle, moulues

1. Dans une poêle, chauffer l'huile à feu moyen-vif. Cuire quelques cubes d'aubergine à la fois en remuant pendant environ 3 minutes, jusqu'à ce qu'ils commencent à dorer (ajouter de l'huile, au besoin). Réserver.
2. Dans la même poêle, faire revenir les oignons pendant 3 minutes, jusqu'à ce qu'ils soient tendres. Ajouter l'ail, l'origan, le cumin, le sel et le poivre. Cuire 1 minute, ajouter les pois chiches et bien remuer.
3. Verser 250 ml (1 tasse) de sauce tomate dans la cocotte de la mijoteuse. Couvrir avec le tiers des aubergines et la moitié des pois chiches. Répéter l'opération. Terminer par les aubergines restantes et napper du reste de la sauce tomate.
4. *Garniture :* Au robot ou au mélangeur, réduire en purée le tofu, les œufs, le parmesan, la muscade et la cannelle. Verser sur les aubergines. Mettre un linge propre plié en deux sur le dessus de la mijoteuse pour absorber l'humidité. Couvrir et cuire à basse température pendant 6 heures ou à température élevée pendant 3 heures.

Préparation à l'avance

Faites les étapes 1 à 3. Couvrez et réfrigérez jusqu'à 2 jours. Quand vous serez prêt à cuire le plat, continuez selon les directives de la recette.

Couper en cubes pas moins sinon ça durcit

Tofu braisé à la méditerranéenne

Environ 500 ml (2 tasses)

Mijoteuse petite à moyenne de 2,25 à 4 litres (9 à 16 tasses)

CONVIENT AUX VÉGÉTALIENS

Ce tofu peut être servi de mille et une façons. Faites-en le plat principal d'un repas végétarien ou utilisez-le comme ingrédient d'une salade composée. J'aime aussi l'utiliser en remplacement du thon dans une salade niçoise. Si vous en avez assez de manger des pâtes, servez-le nappé de sauce tomate. Mélangez-le aussi avec des tranches de tomate vinaigrette. En d'autres mots, utilisez votre imagination.

500 g (1 lb) de tofu ferme, égoutté et coupé en morceaux de 2,5 cm (1 po) (voir Trucs)
60 ml (¼ tasse) d'huile d'olive extravierge
1 c. à soupe de vinaigre balsamique ou de vinaigre de vin rouge
1 c. à soupe d'assaisonnement à l'italienne
4 gousses d'ail, en purée (voir Trucs)
2 ml (½ c. à thé) de sel
2 ml (½ c. à thé) de poivre noir concassé

1. Dans la cocotte de la mijoteuse, mélanger l'huile d'olive, le vinaigre, l'assaisonnement à l'italienne, l'ail, le sel et le poivre. Ajouter le tofu et remuer doucement pour bien l'enrober. Couvrir et réfrigérer pendant 1 heure.
2. Bien remuer. Couvrir et cuire à basse température pendant 5 heures ou à température élevée pendant 2 ½ heures, jusqu'à ce que le tofu soit chaud et bien imprégné de tous les parfums.

Trucs

Pour égoutter le tofu : Mettez quelques serviettes en papier dans une assiette et posez le tofu au centre. Couvrez avec d'autres serviettes en papier et une assiette lourde. Laissez reposer 30 minutes. Retirez le papier et découpez en cubes.

J'utilise une râpe Microplane pour réduire l'ail en purée. Les minuscules particules d'ail s'intègrent parfaitement à la préparation et en rehaussent la saveur.

Recette de base pour les légumineuses

Environ 500 ml (2 tasses) de légumineuses cuites (voir Trucs)

CONVIENT AUX VÉGÉTALIENS

Les légumineuses figurent parmi les aliments qui jouent un rôle primordial pour la santé, car elles ont une valeur nutritive et une teneur en fibres très élevées. La mijoteuse est l'ustensile de cuisson par excellence pour nous faire bénéficier de tout ce qu'elles ont à offrir sur le plan nutritif. Mettez les légumineuses prétrempées dans la mijoteuse avant de vous mettre au lit et le lendemain matin vous serez en mesure de faire n'importe quelle recette.

Trucs

Cette recette peut être doublée ou triplée selon la recette que vous vous apprêtez à faire. N'oubliez pas de prendre une mijoteuse suffisamment grande pour les contenir.

Les légumineuses que vous avez depuis longtemps requièrent toujours un temps de cuisson plus long. Si elles sont encore dures malgré une cuisson prolongée, il est alors préférable de les jeter.

VARIANTE

Lentilles sèches: Mes indications sont aussi valables pour les lentilles, mais on ne doit pas les faire tremper avant de les cuire. Temps de cuisson requis: environ 6 heures à basse température ou 3 heures à température élevée.

Mijoteuse petite à moyenne de 2,25 litres (9 tasses)

250 ml (1 tasse) de légumineuses sèches ou de pois chiches secs
750 ml (3 tasses) d'eau

1. *Long trempage:* Dans un bol, mélanger les légumineuses et l'eau. Laisser tremper 6 heures ou toute la nuit. Égoutter et rincer soigneusement à l'eau froide. Elles sont maintenant prêtes pour la cuisson.
2. *Trempage rapide:* Dans une casserole, mélanger les légumineuses et l'eau. Couvrir et porter à ébullition. Laisser bouillir 3 minutes. Éteindre le feu et laisser tremper pendant 1 heure. Égoutter et rincer soigneusement à l'eau froide. Elles sont maintenant prêtes pour la cuisson.
3. *Cuisson:* Dans la cocotte de la mijoteuse, mélanger 250 ml (1 tasse) de légumineuses prétrempées et 750 ml (3 tasses) d'eau froide bien fraîche. Ajouter de l'ail, des feuilles de laurier ou un bouquet garni composé de ses fines herbes préférées réunies dans une étamine. Saler, au goût. Couvrir et cuire à basse température de 10 à 12 heures ou à température élevée de 5 à 6 heures, jusqu'à ce que les légumineuses soient tendres. Égoutter et rincer. Si on ne les utilise pas immédiatement, couvrir et réfrigérer. Les légumineuses sont maintenant prêtes à être intégrées dans la recette que vous avez choisie.

Légumineuses (haricots secs et lentilles)
Une fois cuites, les légumineuses doivent être couvertes et réfrigérées. Elles se conservent de 4 à 5 jours. On peut aussi les congeler dans un contenant hermétique pendant 6 mois.

Conservation des légumineuses
Les légumineuses et les lentilles doivent être gardées dans un contenant hermétique à température ambiante. Il est recommandé de ne pas les conserver plus d'un an, car elles perdent leur humidité avec le temps. Il est préférable de les jeter si leur peau se ratatine pendant le trempage.

Remplacement
Les légumineuses en conserve remplacent facilement les légumineuses sèches que l'on cuit soi-même. Même si la grosseur des boîtes est différente de celle qui est indiquée dans la recette, cela n'affectera pas le résultat. Par exemple, si la recette demande 500 ml (2 tasses) de légumineuses cuites, on peut utilsier une boîte de 398 à 540 ml (14 à 19 oz). Rincez-les bien à l'eau froide avant de les utiliser.

Plats d'accompagnement

Cari aux pommes de terre nouvelles

4 à 6 portions

CONVIENT AUX VÉGÉTALIENS
PEUT ÊTRE RÉDUITE DE MOITIÉ

Cette recette est une excellente façon d'apprêter les pommes de terre nouvelles. Elles cuisent tout doucement dans leur propre jus qui se mêle intimement à la sauce parfumée au cari. Ce plat d'accompagnement peut aussi être servi comme plat principal avec un bol de dal et des légumes verts. Il est aussi succulent avec une salade composée de légumes du potager fraîchement cueillis.

Trucs

N'épluchez pas les pommes de terre; brossez-les plutôt minutieusement et épongez-les avec des serviettes en papier. Coupez ensuite en deux celles qui ont plus de 2,5 cm (1 po) de diamètre.

Si vous réduisez cette recette de moitié, prenez une petite mijoteuse de 2 à 2,25 litres (8 à 9 tasses).

Mijoteuse petite à moyenne de 2,25 à 4,5 litres (9 à 18 tasses)

2 c. à soupe de beurre clarifié ou d'huile d'olive
1 kg (2 lb) de petites pommes de terre nouvelles, en quartiers (environ 12) (voir Trucs)
2 oignons, hachés finement
1 gousse d'ail, émincée
2 ml (½ c. à thé) de sel
2 ml (½ c. à thé) de poivre noir concassé
125 ml (½ tasse) d'eau ou de bouillon de légumes
5 ml (1 c. à thé) de cari (de Madras, de préférence), dissous dans 2 c. à soupe de jus de citron fraîchement pressé
60 ml (¼ tasse) de coriandre fraîche, hachée finement

1. Dans une poêle, chauffer le beurre clarifié à feu moyen-vif. Faire revenir les pommes de terre jusqu'à ce qu'elles commencent à dorer. Transvider dans la cocotte de la mijoteuse.
2. Baisser la température à feu doux. Dans la même poêle, faire revenir les oignons environ 3 minutes pour les attendrir. Ajouter ensuite l'ail, le sel et le poivre. Cuire 1 minute, en remuant. Ajouter l'eau, porter à ébullition et verser sur les pommes de terre.
3. Couvrir et cuire à basse température pendant 8 heures ou à température élevée pendant 4 heures, jusqu'à ce que les pommes de terre soient tendres. Incorporer le cari dilué. Couvrir et cuire à température élevée pendant 10 minutes. Garnir de coriandre et servir.

Risotto aux poireaux

4 à 6 portions

CONVIENT AUX VÉGÉTALIENS
PEUT ÊTRE RÉDUITE DE MOITIÉ

Ce risotto est excellent comme accompagnement ou comme élément d'un repas composé de différents mets. On peut aussi en faire un léger repas du soir pendant le week-end. Il suffit alors de le servir avec des petits pains croûtés et une salade verte.

Trucs

Pour nettoyer les poireaux: Remplissez un grand bol d'eau tiède. Coupez les poireaux tel qu'indiqué dans la recette et mettez-les dans l'eau en les remuant bien afin de les débarrasser de toute impureté. Rincez-les ensuite à l'eau froide dans une passoire.

Si vous préférez, vous pouvez remplacer le vin par une quantité additionnelle de 125 ml (½ tasse) de bouillon de légumes.

Si vous réduisez cette recette de moitié, prenez une petite mijoteuse de 2,25 litres (9 tasses) environ.

Mijoteuse moyenne de 4,5 litres (18 tasses)

1 c. à soupe d'huile
3 poireaux (partie blanche avec un peu de vert), nettoyés et coupés en tranches fines (voir Trucs)
2 gousses d'ail, émincées
2 ml (½ c. à thé) de poivre noir concassé
250 ml (1 tasse) de riz arborio
125 ml (½ tasse) de vin blanc sec (voir Trucs)
625 ml (2 ½ tasses) de bouillon de légumes
125 ml (½ tasse) de parmesan fraîchement râpé (facultatif)
60 ml (¼ tasse) de persil plat frais, haché finement

1. Dans une poêle, chauffer l'huile à feu moyen. Faire revenir les poireaux environ 5 minutes pour les attendrir. Ajouter l'ail et le poivre et cuire 1 minute, en remuant. Ajouter le riz et bien remuer. Verser le vin et le bouillon de légumes. Bien mélanger et transvider dans la cocotte de la mijoteuse.
2. Mettre un linge propre plié en deux sur le dessus de la mijoteuse pour absorber l'humidité. Couvrir et cuire à basse température pendant 4 heures (ou pendant la nuit) ou encore à température élevée pendant 2 heures, jusqu'à ce que le riz soit tendre et que le liquide soit complètement absorbé. Incorporer le parmesan et garnir de persil.

Fenouil braisé à l'orange

6 portions

CONVIENT AUX VÉGÉTALIENS
PEUT ÊTRE RÉDUITE DE MOITIÉ

Si vous êtes à la recherche de saveurs vraiment originales, essayez cette recette. Le goût de l'orange et celui de la coriandre s'allient merveilleusement bien à celui du fenouil qui est un peu plus savoureux qu'à l'ordinaire, puisqu'on le fait dorer à la poêle avant de le faire braiser. Servez ce plat avec n'importe quel autre plat qui saura bénéficier de cette agréable pointe d'amertume.

Trucs

Pour obtenir un maximum de saveur, il est recommandé de griller et de moudre les graines de coriandre vous-même. *Pour griller les graines de coriandre :* Mettez les graines dans un poêlon sec à feu moyen et remuez environ 3 minutes, jusqu'à ce qu'un bon arôme se dégage. Réduisez-les immédiatement en poudre très fine à l'aide d'un moulin à épices ou d'un mortier et d'un pilon.

Si vous réduisez cette recette de moitié, prenez une petite mijoteuse de 2,25 litres (9 tasses) environ.

Mijoteuse petite à moyenne de 2,25 à 4 litres (9 à 16 tasses)
Grande feuille de papier sulfurisé

2 c. à soupe d'huile d'olive
3 bulbes de fenouil, parés, évidés et coupés en tranches fines sur la hauteur
2 gousses d'ail, émincées
5 ml (1 c. à thé) de coriandre moulue (voir Trucs)
2 ml (½ c. à thé) de sel
2 ml (½ c. à thé) de poivre noir concassé
Le zeste râpé et le jus d'une orange

1. Dans une poêle, chauffer l'huile d'olive à feu moyen-vif. Faire revenir le fenouil environ 5 minutes, jusqu'à ce qu'il commence à dorer (on peut procéder par étapes). Transvider dans la cocotte de la mijoteuse. Dans la même poêle, ajouter l'ail, la coriandre, le sel, le poivre et le zeste d'orange. Cuire 1 minute, en remuant. Transvider dans la cocotte de la mijoteuse.
2. Poser une grande feuille de papier sulfurisé directement sur le fenouil et l'étendre de façon qu'il recouvre le bord de la cocotte. Couvrir et cuire à basse température pendant 6 heures ou à température élevée pendant 3 heures, jusqu'à ce que le fenouil soit tendre. Jeter le papier en prenant soin de ne pas renverser le liquide accumulé sur le fenouil.

Oignons braisés de La Nouvelle-Orléans

8 à 10 portions

CONVIENT AUX VÉGÉTALIENS
IDÉAL POUR LES RÉCEPTIONS
PEUT ÊTRE RÉDUITE DE MOITIÉ

Ce plat m'a été inspiré par une ancienne recette créole à base d'oignons d'Espagne. Même si je l'ai beaucoup simplifiée, son goût est tout aussi exquis. Si vos convives aiment les plats épicés, n'oubliez pas de leur offrir de la sauce piquante aux piments à table.

Trucs

Les oignons regorgent de sucres naturels qui sont mis en valeur dans cette recette grâce à un long mijotage dans le jus d'orange.

Si vous réduisez cette recette de moitié, prenez une petite mijoteuse de 2,25 à 4 litres (9 à 16 tasses).

Grande mijoteuse ovale de 6 litres (24 tasses)

2 à 3 gros oignons d'Espagne
6 à 9 clous de girofle entiers
2 ml (½ c. à thé) de sel
2 ml (½ c. à thé) de poivre noir concassé
Une pincée de thym séché
Le zeste râpé et le jus d'une orange
125 ml (½ tasse) de bouillon de légumes
Persil frais, haché finement (facultatif)
Sauce piquante aux piments (facultatif)

1. Piquer les oignons avec les clous de girofle et les ranger dans la cocotte de la mijoteuse. Saupoudrer de sel, de poivre, de thym et de zeste d'orange. Verser le jus d'orange et le bouillon de légumes. Couvrir et cuire à basse température pendant 8 heures ou à température élevée pendant 4 heures, jusqu'à ce que les oignons soient tendres.
2. À l'aide d'une écumoire, mettre les oignons dans un plat et réserver au four à 120 °C (250 °F). Transvider le liquide dans une casserole à feu moyen. Cuire jusqu'à ce que le liquide ait réduit de moitié.
3. Au moment de servir, couper les oignons en quartiers et les mettre dans une assiette creuse. Napper de sauce et garnir de persil, si désiré. Passer la sauce piquante à table, si désiré.

Oignons doux braisés au beurre balsamique

4 à 8 portions

CONVIENT AUX VÉGÉTALIENS
IDÉAL POUR LES RÉCEPTIONS
PEUT ÊTRE RÉDUITE DE MOITIÉ

Les oignons sont indispensables en cuisine. Ils constituent la base de plusieurs soupes, sauces, ragoûts et plats mijotés. Ils font tellement partie de notre quotidien qu'on ne les remarque même plus. Ils sont pourtant savoureux servis comme légumes, plutôt que comme ingrédients d'une recette. Les oignons doux sont ici parfumés au vinaigre balsamique et le résultat est on ne peut plus heureux.

Trucs

Si vous utilisez de l'huile d'olive au lieu du beurre, versez-la sur les oignons avant de mettre le papier sulfurisé.

Si vous réduisez cette recette de moitié, prenez une petite mijoteuse de 2 à 2,25 litres (8 à 9 tasses).

Mijoteuse petite à moyenne de 2,25 à 4,5 litres (9 à 18 tasses)
Grande feuille de papier sulfurisé

4 à 6 oignons doux (ex.: Vidalia), en quartiers
2 c. à soupe de vinaigre balsamique
1 c. à soupe d'huile d'olive
2 ml (½ c. à thé) de sel
2 ml (½ c. à thé) de poivre noir concassé
2 c. à soupe de noisettes de beurre ou d'huile d'olive (voir Trucs)
Persil frais, haché finement (facultatif)

1. Dans la cocotte de la mijoteuse, bien mélanger les oignons, le vinaigre balsamique, l'huile d'olive, le sel et le poivre. Couvrir de noisettes de beurre. Poser une grande feuille de papier sulfurisé directement sur les oignons et l'étendre de façon qu'il recouvre le bord de la cocotte.
2. Couvrir et cuire à basse température pendant 6 heures ou à température élevée pendant 3 heures, jusqu'à ce que les oignons soient tendres. Jeter le papier en prenant soin de ne pas renverser le liquide accumulé sur les oignons. Garnir généreusement de persil et servir.

Purée de carottes et de panais au cumin

8 portions

CONVIENT AUX VÉGÉTALIENS
PEUT ÊTRE RÉDUITE DE MOITIÉ

Le cumin ajoute une touche légèrement exotique à ce plat traditionnel qui peut accompagner à merveille plusieurs plats.

Trucs

Si vous utilisez de gros panais, jetez la partie la plus coriace. Coupez les légumes en trois sur la largeur et mettez-les à plat sur une surface de travail. À l'aide d'un couteau bien affûté, coupez autour de la partie la plus dure et jetez celle-ci. Coupez ensuite les panais en morceaux de 1,2 cm (½ po).

Pour obtenir un maximum de saveur, il est recommandé de griller et de moudre les graines de cumin vous-même. *Pour griller les graines de cumin :* Mettez les graines dans un poêlon sec à feu moyen et remuez environ 3 minutes, jusqu'à ce qu'un bon arôme se dégage. Réduisez-les immédiatement en poudre très fine à l'aide d'un moulin à épices ou d'un mortier et d'un pilon.

Si vous réduisez cette recette de moitié, prenez une petite mijoteuse de 2 à 2,25 litres (8 à 9 tasses).

Mijoteuse moyenne de 4,5 litres (18 tasses)

1 litre (4 tasses) de panais, en cubes de 1,2 cm (½ po) (voir Trucs)
500 ml (2 tasses) de carottes, en tranches fines
5 ml (1 c. à thé) de cumin moulu (voir Trucs)
2 c. à soupe de beurre ou d'un succédané végétalien
5 ml (1 c. à thé) de sucre
2 ml (½ c. à thé) de sel
1 ml (¼ c. à thé) de poivre noir du moulin
60 ml (¼ tasse) d'eau ou de bouillon de légumes

1. Dans la cocotte de la mijoteuse, bien mélanger tous les ingrédients. Couvrir et cuire à basse température pendant 6 heures ou à température élevée pendant 3 heures, jusqu'à ce que les légumes soient tendres.
2. Réduire en purée lisse à l'aide d'un pilon à purée, du robot de cuisine ou du mélangeur. Servir immédiatement.

Préparation à l'avance

Pelez et coupez les panais et les carottes. Couvrez-les et réfrigérez-les pendant la nuit.

Betteraves au cumin

4 à 6 portions

CONVIENT AUX VÉGÉTALIENS

Ce plat d'inspiration indienne permet de profiter pleinement des betteraves fraîchement cueillies. Grâce à la mijoteuse, nous pouvons éviter de faire bouillir une grande casserole d'eau sur la cuisinière en plein été. Si vous aimez les mets épicés, n'oubliez pas de compléter la recette par de la sauce piquante aux piments.

Trucs

Pour obtenir un maximum de saveur, il est recommandé de griller et de moudre les graines de cumin vous-même. *Pour griller les graines de cumin :* Mettez les graines dans un poêlon sec à feu moyen et remuez environ 3 minutes, jusqu'à ce qu'un bon arôme se dégage. Réduisez-les immédiatement en poudre très fine à l'aide d'un moulin à épices ou d'un mortier et d'un pilon.

Le fait de peler les betteraves avant de les cuire fait en sorte que tout le jus de cuisson se retrouve dans notre assiette.

Petite mijoteuse de 2,25 litres (9 tasses)

1 c. à soupe d'huile
1 oignon, haché finement
3 gousses d'ail, émincées
5 ml (1 c. à thé) de cumin moulu (voir Trucs)
5 ml (1 c. à thé) de sel
2 ml (½ c. à thé) de poivre noir du moulin
2 tomates moyennes, pelées et hachées grossièrement
250 ml (1 tasse) d'eau
500 g (1 lb) de betteraves, pelées et entières (couper les plus grosses en tranches fines (voir Trucs)
Sauce piquante aux piments (facultatif)

1. Dans une poêle, chauffer l'huile à feu moyen. Faire revenir les oignons environ 3 minutes, jusqu'à ce qu'ils soient tendres. Ajouter l'ail, le cumin, le sel et le poivre. Cuire 1 minute, en remuant. Ajouter les tomates et l'eau et porter à ébullition.
2. Ranger les betteraves dans la cocotte de la mijoteuse et couvrir avec la préparation aux tomates. Couvrir et cuire à basse température pendant 8 heures ou à température élevée pendant 4 heures, jusqu'à ce que les betteraves soient tendres. Passer la sauce piquante à table.

Préparation à l'avance

Faites l'étape 1. Couvrez et réfrigérez jusqu'à 2 jours. Quand vous serez prêt à cuire le plat, continuez selon les directives de la recette.

Purée de patates douces au gingembre et au sirop d'érable

6 à 8 portions

Mijoteuse petite à moyenne de 2,25 litres (9 tasses)

CONVIENT AUX VÉGÉTALIENS
IDÉAL POUR LES RÉCEPTIONS
PEUT ÊTRE RÉDUITE DE MOITIÉ

Je vous propose une nouvelle façon d'apprêter les patates douces qui plaira aussi aux adeptes du végétalisme. On les fait simplement braiser dans du jus d'orange et on les imbibe ensuite de bon sirop d'érable. Les pacanes grillées sont un atout dont vous ne voudrez pas vous priver.

Trucs

La patate douce n'est ni une pomme de terre ni une igname. Il s'agit d'un tubercule cultivé en Amérique. La patate douce est fragile et résiste mal au froid. Il faut toujours la conserver à une température supérieure à 10 °C (50 °F).

Si vous réduisez cette recette de moitié, prenez une petite mijoteuse de 2 à 2,25 litres (8 à 9 tasses).

4 patates douces, épluchées et coupées en tranches de 1,2 cm (½ po) d'épaisseur (voir Trucs)
1 c. à soupe de zeste d'orange, râpé finement
125 ml (½ tasse) de jus d'orange fraîchement pressé
1 c. à soupe de gingembre frais, émincé
2 ml (½ c. à thé) de sel
2 ml (½ c. à thé) de poivre noir concassé
60 ml (¼ tasse) de sirop d'érable pur
Pacanes grillées, au goût

1. Dans la cocotte de la mijoteuse, bien mélanger les patates douces, le zeste et le jus d'orange, le gingembre, le sel et le poivre. Couvrir et cuire à basse température pendant 6 heures ou à température élevée pendant 3 heures, jusqu'à ce que les patates douces soient tendres. Réduire en purée lisse à l'aide d'un pilon à purée ou d'une grosse fourchette. Incorporer le sirop d'érable et garnir de pacanes avant de servir.

Courge musquée au parmesan et aux noix grillées

4 portions

CONVIENT AUX VÉGÉTALIENS
IDÉAL POUR LES RÉCEPTIONS
PEUT ÊTRE RÉDUITE DE MOITIÉ

Si vous faites un grand repas et que vous voulez au moins un plat très facile à préparer, optez pour celui-ci. Comme les courges sont braisées dans leur propre jus, elles sont délicieuses. Le thym est le complément parfait, tandis que le parmesan ajoute une magnifique onctuosité à l'ensemble. Les noix grillées donnent une consistance et un goût uniques à ce plat santé hors du commun.

Trucs

Il n'est pas nécesaire de réfrigérer les courges d'hiver comme la courge musquée. Une cuisson lente met en valeur leur bon goût sucré, tout en leur donnant une consistance crémeuse.

Si vous réduisez cette recette de moitié, prenez une petite mijoteuse de 2 à 2,25 litres (8 à 9 tasses).

Mijoteuse petite à moyenne de 2,25 à 4,5 litres (9 à 18 tasses)
Grande feuille de papier sulfurisé

1,5 litre (6 tasses) de courge musquée, pelée et coupée en cubes de 1,2 cm (½ po) (voir Trucs)
1 c. à soupe de beurre fondu ou d'un succédané végétalien
1 c. à soupe de cassonade
2 ml (½ c. à thé) de thym séché
2 ml (½ c. à thé) de sel
2 ml (½ c. à thé) de poivre noir concassé
60 ml (¼ tasse) d'eau
60 ml (¼ tasse) de parmesan fraîchement râpé ou d'un succédané végétalien
2 c. à soupe de noix, grillées et hachées

1. Dans la cocotte de la mijoteuse, bien mélanger les courges, le beurre, la cassonade, le thym, le sel et le poivre. Verser l'eau et bien mélanger. Poser une grande feuille de papier sulfurisé directement sur les courges et l'étendre de façon qu'il recouvre le bord de la cocotte.
2. Couvrir et cuire à basse température pendant 6 heures ou à température élevée pendant 3 heures, jusqu'à ce que les courges soient très tendres. Jeter le papier en prenant soin de ne pas renverser le liquide accumulé sur les courges. À l'aide d'une cuillère en bois, réduire la courge en purée selon la consistance voulue. Incorporer le parmesan. Servir chaud dans un grand bol, puis garnir de noix grillées.

Haricots de Lima au cheddar fort

6 à 8 portions

PEUT ÊTRE RÉDUITE DE MOITIÉ

Servez ces légumineuses lors d'un repas composé de plusieurs plats ou présentez-les en plat principal avec une salade si vous avez envie d'un repas plus léger.

Trucs

Pour obtenir la quantité requise de légumineuses, prenez 500 ml (2 tasses) de haricots de Lima secs et faites-les cuire selon la méthode indiquée à la p. 105 ou encore 1 litre (4 tasses) de haricots de Lima en conserve rincés et égouttés. Si vous préférez les acheter congelés, il n'est pas nécessaire de les cuire avant de les intégrer à la recette, mais il faut toutefois les faire décongeler.

Si vous réduisez cette recette de moitié, prenez une petite mijoteuse de 2 à 2,25 litres (8 à 9 tasses).

Mijoteuse petite à moyenne de 2,25 à 4,5 litres (9 à 18 tasses)

1 litre (4 tasses) de haricots de Lima, cuits (voir Trucs)
1 boîte de 796 ml (28 oz) de tomates en dés, égouttées (réserver 125 ml/½ tasse) de leur jus
125 ml (½ tasse) d'oignons verts, hachés
5 ml (1 c. à thé) de sel
Poivre noir du moulin, au goût
1 poivron vert, haché
250 ml (1 tasse) de cheddar fort, râpé en filaments

1. Dans la cocotte de la mijoteuse, mélanger les haricots de Lima, les tomates et 125 ml (½ tasse) de leur jus, les oignons verts, le sel et le poivre.
2. Couvrir et cuire à basse température pendant 6 heures ou à température élevée pendant 3 heures, jusqu'à ce que le tout soit chaud et bouillonnant. Incorporer le poivron et le fromage. Couvrir et cuire à température élevée pendant 20 minutes, jusqu'à ce que le poivron soit tendre et que le cheddar soit fondu.

Desserts

Cobbler aux pêches et aux mûres

8 portions

IDÉAL POUR LES RÉCEPTIONS
PEUT ÊTRE RÉDUITE DE MOITIÉ

Ce dessert vous mettra l'eau à la bouche si vous utilisez des fruits de saison parfaitement mûrs. L'avantage de préparer ce cobbler à l'aide de votre mijoteuse plutôt que de le mettre au four est que vous pourrez vaquer à d'autres occupations pendant la cuisson.

Trucs

Si les pêches et les mûres ne sont plus en saison, achetez 2 boîtes de 398 ml (14 oz) de pêches en tranches que vous égoutterez. Prenez également la même quantité de mûres congelées que vous ferez décongeler.

Si vous réduisez cette recette de moitié, prenez une petite mijoteuse de 2 à 2,25 litres (8 à 9 tasses).

Petite mijoteuse de 4 litres (16 tasses)
Cocotte de la mijoteuse légèrement graissée

4 pêches, pelées et coupées en tranches (voir Trucs)
750 ml (3 tasses) de mûres (voir Trucs)
175 ml (¾ tasse) de sucre
1 c. à soupe de fécule de maïs
1 c. à soupe de jus de citron fraîchement pressé

Garniture

375 ml (1 ½ tasse) de farine tout usage
10 ml (2 c. à thé) de levure chimique (poudre à pâte)
5 ml (1 c. à thé) de zeste de citron, râpé
2 ml (½ c. à thé) de sel
125 ml (½ tasse) de beurre froid, coupé en cubes de 2,5 cm (1 po)
125 ml (½ tasse) de lait

1. Dans la cocotte de la mijoteuse, bien mélanger les pêches, les mûres, le sucre, la fécule de maïs et le jus de citron. Couvrir et cuire à basse température pendant 4 heures ou à température élevée pendant 2 heures.
2. *Garniture :* Dans un bol, mélanger la farine, la levure chimique, le zeste de citron et le sel. Avec les doigts ou le mélangeur à pâtisserie, couper le beurre dans la farine jusqu'à formation de miettes grossières. Verser le lait et mélanger à l'aide d'une fourchette jusqu'à formation d'une pâte.
3. À l'aide d'une cuillère à soupe, laisser tomber des quenelles de pâte sur les fruits chauds. Couvrir et cuire à température élevée pendant 1 heure, jusqu'à ce qu'un cure-dent inséré au centre en ressorte propre.

Croustade à la rhubarbe, au mascarpone et à la noix de coco

8 portions

IDÉAL POUR LES RÉCEPTIONS

Si vous avez de la rhubarbe dans votre potager et que vous voulez préparer autre chose qu'une tarte, faites l'essai de ce dessert original. Le mélange de mascarpone, de fruits et de noix de coco rehausse cette croustade sans prétention. J'en sers de petites portions avec une boule de crème glacée à la vanille.

Trucs

Le mascarpone est un fromage italien très crémeux que l'on utilise habituellement dans le tiramisu. Un pur régal!

Utilisez de la noix de coco sucrée ou non dans cette recette.

Mijoteuse moyenne à grande de 4 à 6 litres (16 à 24 tasses)
Cocotte de la mijoteuse légèrement graissée

1,5 litre (6 tasses) de rhubarbe, hachée en morceaux de 5 cm (2 po)
150 ml (⅔ tasse) de mascarpone (voir Trucs)
60 ml (¼ tasse) de sucre
Le zeste d'une orange, finement râpé
60 ml (¼ tasse) de jus d'orange fraîchement pressé
1 c. à soupe de fécule de maïs

Garniture
125 ml (½ tasse) de flocons d'avoine
125 ml (½ tasse) de cassonade bien tassée
60 ml (¼ tasse) de farine de blé entier ou tout usage
60 ml (¼ tasse) de flocons de noix de coco (voir Trucs)
60 ml (¼ tasse) de beurre froid, coupé en dés
Crème glacée à la vanille

1. Dans la cocotte de la mijoteuse, bien mélanger la rhubarbe, le mascarpone, le sucre, le zeste et le jus d'orange et la fécule de maïs. Transvider dans la cocotte de la mijoteuse.
2. *Garniture:* Dans un bol, mélanger les flocons d'avoine, la cassonade, la farine, la noix de coco et le beurre. À l'aide de deux fourchettes ou avec les doigts, mélanger jusqu'à formation de miettes. Étaler sur la rhubarbe.
3. Mettre un linge propre plié en deux sur le dessus de la mijoteuse pour absorber l'humidité. Couvrir et cuire à température élevée pendant 3 heures, jusqu'à ce que la croustade soit chaude et bouillonnante. Servir avec de la crème glacée à la vanille.

Croquant aux pommes et au caramel anglais

6 à 8 portions

IDÉAL POUR LES RÉCEPTIONS
PEUT ÊTRE RÉDUITE DE MOITIÉ

Voici une version légèrement décadente d'un ancien classique. Au lieu de sucrer les pommes avec du sucre blanc, on les laisse baigner dans une succulente sauce au caramel. Servez ce dessert tel quel ou avec un peu de crème glacée à la vanille.

Trucs

Lorsque vous achetez du sucre demerara, lisez bien l'étiquette, car certaines marques donnent la fausse impression d'être du véritable sucre de canne brut. Soyez vigilant.

Si vous réduisez cette recette de moitié, prenez une petite mijoteuse de 2 à 2,25 litres (8 à 9 tasses).

Petite mijoteuse de 4,5 litres (18 tasses)
Cocotte de la mijoteuse légèrement graissée

125 ml (½ tasse) de sucre de canne brut (sucre demerara ou autre) (voir Trucs)
60 ml (¼ tasse) de beurre
60 ml (¼ tasse) d'eau
Une pincée de sel
8 pommes, pelées, évidées et coupées en tranches

Garniture
175 ml (¾ tasse) de flocons d'avoine
175 ml (¾ tasse) de farine tout usage
125 ml (½ tasse) de sucre de canne brut (sucre demerara ou autre)
1 ml (¼ c. à thé) de sel
1 ml (¼ c. à thé) de cannelle moulue
60 ml (¼ tasse) de beurre, en dés

1. Dans une casserole, mélanger le sucre, le beurre, l'eau et le sel. Remuer à feu doux jusqu'à dissolution du sucre. Augmenter à feu moyen et laisser bouillir environ 1 minute, jusqu'à consistance sirupeuse, en veillant à ce que le sirop ne déborde pas. Étaler les tranches de pomme au fond de la cocotte de la mijoteuse, puis les napper du sirop.
2. *Garniture :* Dans un bol, bien mélanger les flocons d'avoine, la farine, le sucre, le sel et la cannelle. Ajouter le beurre et, à l'aide de deux fourchettes ou avec les doigts, mélanger jusqu'à formation de miettes. Étaler sur les pommes.
3. Mettre un linge propre plié en deux sur le dessus de la mijoteuse pour absorber l'humidité. Couvrir et cuire à température élevée de 3 à 4 heures, jusqu'à ce que le dessus soit bien caramélisé et que le dessert soit chaud et bouillonnant.

Oranges au Cointreau

8 portions

CONVIENT AUX VÉGÉTALIENS
IDÉAL POUR LES RÉCEPTIONS

Ce dessert qui sort de l'ordinaire a de quoi satisfaire les palais les plus difficiles. Garnissez-le de crème fouettée, servez-le comme sorbet ou faites-en une coupe de crème glacée à la vanille. Irrésistible!

Trucs

Je recommande de prendre des oranges biologiques pour préparer ce dessert, car les fruits ne sont pas pelés.

Vous pouvez remplacer le Cointreau par la même quantité de votre liqueur à l'orange préférée (ex.: triple-sec, Grand Marnier, etc.).

Petite mijoteuse de 2,25 litres (9 tasses)

250 ml (1 tasse) de sucre
6 oranges (biologiques, de préférence; voir Trucs), coupées en tranches de 6 mm (¼ po) d'épaisseur et épépinées
1 bâton de cannelle de 5 cm (2 po)
2 c. à soupe de Cointreau (voir Trucs)

1. Étaler 60 ml (¼ tasse) de sucre au fond de la cocotte de la mijoteuse. Y superposer les tranches d'orange et enfouir le bâton de cannelle au milieu. Saupoudrer uniformément du sucre restant. Mettre un linge propre plié en deux sur le dessus de la mijoteuse pour absorber l'humidité.
2. Couvrir et cuire à température élevée pendant 4 heures, jusqu'à ce que le liquide soit sirupeux et que les fruits soient tendres. Retirer et jeter le bâton de cannelle. Incorporer le Cointreau et servir.

Poires Betty aux cerises

6 portions

CONVIENT AUX VÉGÉTALIENS

Dès que les poires font leur apparition au marché, je m'empresse de préparer ce savoureux dessert traditionnel. La confiture de cerises ajoute du goût et une belle couleur à l'ensemble. Il est étonnant de constater à quel point le mélange de fruits chauds, de chapelure et de beurre peut être exquis.

Truc

Dans cette recette, la chapelure fraîche convient davantage que la chapelure du commerce. Il suffit de couper en cubes du pain dont on a retiré la croûte, si désiré, et de le réduire en miettes à l'aide du robot de cuisine. La chapelure se conserve de 2 à 3 jours dans un contenant hermétique placé au réfrigérateur.

Mijoteuse petite à moyenne de 2,25 à 4 litres (9 à 16 tasses)
Cocotte de la mijoteuse légèrement graissée

500 ml (2 tasses) de chapelure fraîche (voir Truc)
75 ml (1/3 tasse) de beurre ou de margarine, fondu
2 ml (1/2 c. à thé) de cannelle moulue
175 ml (3/4 tasse) de sucre
5 ml (1 c. à thé) de zeste de citron, râpé
2 c. à soupe de jus de citron fraîchement pressé
3 c. à soupe de confiture de cerises
1 c. à soupe de farine tout usage
6 poires, pelées, évidées et coupées en quartiers
Crème glacée à la vanille (facultatif)

1. Dans un bol, bien mélanger la chapelure, le beurre fondu et la cannelle. Réserver.
2. Dans un autre bol, bien mélanger le sucre, le zeste et le jus de citron, la confiture et la farine. Ajouter les poires et remuer doucement pour bien les enrober.
3. Dans la cocotte de la mijoteuse, étaler le tiers de la chapelure et la moitié des poires. Répéter l'opération. Terminer par une couche de chapelure. Mettre un linge propre plié en deux sur le dessus de la mijoteuse pour absorber l'humidité. Couvrir et cuire à température élevée pendant 2 1/2 heures, jusqu'à ce que le dessert soit bouillonnant. Servir avec de la crème glacée à la vanille, au goût.

Pouding au riz aux cerises et aux amandes

6 portions

IDÉAL POUR LES RÉCEPTIONS
PEUT ÊTRE RÉDUITE DE MOITIÉ

Ce dessert favori de ma famille convient aussi aux repas de fête. Servez-le chaud ou froid dans des verres à pied en cristal.

Trucs

Vous pouvez utiliser du riz blanc à grain long, mais votre pouding ne sera pas aussi crémeux que si vous utilisez du riz arborio ou du riz brun à grain court.

Si vous préférez, prenez 250 ml (1 tasse) de cerises fraîches dénoyautées au lieu des cerises séchées. Vous pouvez aussi les remplacer par la même quantité de canneberges séchées.

Pour obtenir un dessert plus riche, remplacez la moitié de la quantité de lait par de la crème.

Si vous réduisez cette recette de moitié, prenez une petite mijoteuse de 2 à 2,25 litres (8 à 9 tasses).

Petite mijoteuse de 3,5 litres (15 tasses)
Cocotte de la mijoteuse légèrement graissée

175 ml (¾ tasse) de sucre
125 ml (½ tasse) de riz arborio (voir Trucs)
60 ml (¼ tasse) de cerises séchées (voir Trucs)
2 c. à soupe d'amandes moulues
5 ml (1 c. à thé) de zeste de citron, râpé
Une pincée de sel
1 litre (4 tasses) de lait (voir Trucs)
2 œufs
5 ml (1 c. à thé) d'extrait d'amande
Amandes tranchées, grillées (facultatif)
Crème fouettée (facultatif)

1. Dans la cocotte de la mijoteuse, bien mélanger le sucre, le riz, les cerises, les amandes, le zeste de citron et le sel. Dans un grand bol, à l'aide d'un fouet, mélanger le lait, les œufs et l'extrait d'amande. Mélanger avec le riz.
2. Couvrir et cuire à température élevée pendant 4 heures, jusqu'à ce que le riz soit tendre et que le pouding soit pris. Servir chaud et garnir d'amandes grillées et de crème fouettée, au goût.

Pouding au riz noir collant au lait de coco

8 portions

CONVIENT AUX VÉGÉTALIENS
IDÉAL POUR LES RÉCEPTIONS
PEUT ÊTRE RÉDUITE DE MOITIÉ

Trucs

On peut se procurer du riz collant noir thaïlandais dans les épiceries orientales et certains magasins d'aliments naturels. N'achetez pas le riz noir chinois ni le riz noir italien Venere parce qu'ils ne sont pas collants.

Si vous réduisez cette recette de moitié, prenez une petite mijoteuse de 2 à 2,25 litres (8 à 9 tasses).

Petite mijoteuse de 2,25 à 4 litres (9 à 16 tasses)
Cocotte de la mijoteuse légèrement graissée

1 litre (4 tasses) d'eau
375 ml (1 ½ tasse) de riz collant noir thaïlandais (voir Trucs)
125 ml (½ tasse) de sucre de canne brut (sucre demerara ou autre)
5 ml (1 c. à thé) d'extrait de vanille ou d'amande
Une pincée de sel
1 boîte de 400 ml (14 oz) de lait de coco
Mangues, pêches ou bananes, hachées (facultatif)
Amandes grillées hachées ou filaments de noix de coco grillés (facultatif)

1. Dans une petite casserole, à feu vif, porter l'eau et le riz à forte ébullition et laisser bouillir pendant 2 minutes. Incorporer le sucre, la vanille et le sel, puis transvider dans la cocotte de la mijoteuse.
2. Couvrir et cuire à basse température pendant 8 heures (ou pendant la nuit) ou à température élevée pendant 4 heures. Bien remuer et ajouter le lait de coco. Servir dans des bols et garnir de fruits hachées ou d'amandes grillées, au goût.

Pouding éponge au citron et au babeurre

4 à 6 portions

IDÉAL POUR LES RÉCEPTIONS

Voici le dessert idéal : à la fois crémeux et léger avec juste un soupçon de citron. Pendant la cuisson, les blancs d'œufs se séparent pour former une « éponge », tandis que le velouté au citron se dépose au fond du plat. Servez ce pouding chaud avec des petits fruits en accompagnement. Les bleuets, les fraises et les framboises apportent une touche finale exquise.

Truc

Je recommande d'acheter un citron biologique, car on utilise à la fois le zeste et le jus.

Grande mijoteuse ovale d'au moins 6 litres (24 tasses)
Plat de cuisson de 1 litre (4 tasses), graissé

125 ml (½ tasse) de sucre
2 œufs, séparés
150 ml (⅔ tasse) de babeurre
1 c. à soupe de zeste de citron, râpé finement (voir Truc)
3 c. à soupe de jus de citron fraîchement pressé
60 ml (¼ tasse) de farine tout usage
1 ml (¼ c. à thé) de sel

1. Dans un bol, à l'aide d'un fouet, battre le sucre et les jaunes d'œufs jusqu'à consistance lisse. Incorporer le babeurre, le zeste et le jus de citron. Incorporer la farine et le sel et bien amalgamer le tout.
2. Dans un autre bol, battre les blancs d'œufs jusqu'à ce qu'ils soient fermes et les incorporer doucement au contenu du premier bol pour obtenir une pâte lisse. Verser dans le plat de cuisson. Couvrir de papier d'aluminium et le fixer à l'aide d'une ficelle.
3. Mettre le plat dans la cocotte de la mijoteuse et verser de l'eau bouillante qui montera à 2,5 cm (1 po) tout autour. Couvrir et cuire à température élevée pendant 2 ½ heures, jusqu'à ce qu'un cure-dent inséré au centre en ressorte propre.

Plum-pudding

8 à 12 portions

IDÉAL POUR LES RÉCEPTIONS

Je sers ce plum-pudding chaud avec une simple sauce au citron ou de la tartinade au citron du commerce. Si vous êtes attaché aux traditions, vous préférerez probablement une sauce plus consistante. Les restes se réchauffent facilement. Dégustez ce dessert avec une bonne tasse de thé pour oublier la froideur de l'hiver.

Truc

Le moule à plum-pudding traditionnel est un simple bol, souvent de couleur blanche, disponible en différentes grosseurs. Le bord permet de bien sceller le contenu avec du papier d'aluminium maintenu en place par une ficelle, un élastique ou une bande de silicone. Si vous n'en avez pas, prenez un bol à mélanger allant au four.

Grande mijoteuse ovale d'au moins 6 litres (24 tasses)
Moule à plum-pudding (voir Truc), moule à soufflé ou plat de cuisson de 1,5 litre (6 tasses), légèrement graissé

250 ml (1 tasse) de raisins secs sans pépins
125 ml (½ tasse) de fruits confits mélangés, hachés finement
2 c. à soupe de zeste d'orange confit, haché
2 c. à soupe de gingembre confit, haché
Le zeste d'une orange, râpé finement
Le zeste d'un citron, râpé finement
Environ 125 ml (½ tasse) de brandy ou de rhum brun
175 ml (¾ tasse) de farine tout usage
175 ml (¾ tasse) de fine chapelure blanche sèche
2 c. à soupe d'amandes mondées, grillées et moulues
5 ml (1 c. à thé) de cannelle moulue
3 ml (¾ c. à thé) de levure chimique (poude à pâte)
1 ml (¼ c. à thé) de muscade fraîchement râpée
1 ml (¼ c. à thé) de sel
175 ml (¾ tasse) de cassonade bien tassée
125 ml (½ tasse) de beurre ou de margarine, fondu
2 œufs
2 c. à soupe de mélasse de fantaisie

1. Dans un bol, mélanger les raisins secs, les fruits confits, le zeste d'orange confit, le gingembre confit, ainsi que les zestes d'orange et de citron. Ajouter le brandy et bien mélanger. Réserver pendant 1 heure.
2. Dans un autre bol, mélanger la farine, la chapelure, les amandes, la cannelle, la levure chimique, la muscade et le sel. Réserver.
3. Dans un bol propre, mélanger la cassonade et le beurre jusqu'à ce que le mélange soit crémeux. Incorporer les œufs et la mélasse. Mélanger jusqu'à consistance lisse. Verser sur les fruits et bien remuer. Ajouter les ingrédients secs et mélanger jusqu'à consistance lisse. Verser dans le moule. Couvrir de pellicule plastique et mettre au réfrigérateur 1 semaine en arrosant de 1 c. à soupe de brandy deux ou trois fois au cours de cette période.
4. Retirer la pellicule plastique. Couvrir de papier d'aluminium et le fixer à l'aide d'une ficelle. Mettre le plat dans la cocotte de la mijoteuse et verser de l'eau bouillante qui montera à 2,5 cm (1 po) tout autour. Couvrir et cuire à température élevée pendant 4 heures, jusqu'à ce qu'un cure-dent inséré au centre en ressorte propre. Servir chaud.

Gâteau au fromage aux bananes, au chocolat et au beurre d'arachide

8 à 10 portions

IDÉAL POUR LES RÉCEPTIONS

Si vous êtes friand de chocolat et de beurre d'arachide, ce dessert vous fera succomber à la tentation. Commencez par vous en servir une fine tranche et voyez si vous pouvez résister à en prendre une seconde…

Truc

Vous aurez besoin d'environ 12 biscuits-sandwiches pour obtenir la quantité de miettes requise. Mettez-les, avec leur garniture, dans le robot de cuisine muni d'une lame métallique jusqu'à ce qu'ils soient réduits en fines miettes.

Grande mijoteuse ovale d'au moins 6 litres (24 tasses)
Moule à charnière de 18 cm (7 po) bien graissé ou moule à soufflé de 18 cm (7 po) d'une capacité de 1,5 litre (6 tasses) tapissé de papier d'aluminium résistant graissé
Robot de cuisine

Croûte

250 ml (1 tasse) de miettes de biscuits-sandwiches au chocolat (voir Truc)
3 c. à soupe de beurre, fondu

Gâteau au fromage

500 g (1 lb) de fromage à la crème, coupé en cubes et ramolli
125 ml (½ tasse) de cassonade bien tassée
2 œufs
125 ml (½ tasse) de beurre d'arachide crémeux
60 ml (¼ tasse) de crème sure
125 g (4 oz) de chocolat semi-sucré ou semi-amer, fondu
2 bananes, en tranches fines

1. *Croûte:* Dans un bol, bien mélanger les miettes de biscuits et le beurre fondu. Presser ce mélange au fond du moule préparé. Garder au congélateur jusqu'au moment de l'utilisation.
2. *Gâteau au fromage:* À l'aide du robot de cuisine muni d'une lame métallique, mélanger le fromage à la crème et la cassonade jusqu'à consistance lisse. Ajouter les œufs, le beurre d'arachide et la crème sure. Mélanger pour bien amalgamer tous les ingrédients. Ajouter le chocolat fondu et mélanger.
3. Étaler uniformément les tranches de banane sur la croûte. Verser la préparation au fromage et couvrir le moule de papier d'aluminium. Mettre le moule dans la cocotte de la mijoteuse et verser de l'eau bouillante qui montera à 2,5 cm (1 po) tout autour.
4. Couvrir et cuire à température élevée de 3 à 4 heures, jusqu'à ce que les bords soient pris sans que le centre le soit complètement. Retirer le moule de la mijoteuse et laisser refroidir complètement avant de servir.

Gâteau au fromage aux bleuets et au chocolat blanc

8 à 10 portions

IDÉAL POUR LES RÉCEPTIONS

Délicieusement décadent! Que dire de plus? Servez de petites tranches de ce gâteau, mais attendez-vous à ce qu'on vous en redemande.

Truc

Vous aurez besoin d'environ 12 biscuits-sandwiches pour obtenir la quantité de miettes requise. Mettez-les, avec leur garniture, dans le robot de cuisine muni d'une lame métallique jusqu'à ce qu'ils soient réduits en fines miettes.

Grande mijoteuse ovale d'au moins 6 litres (24 tasses)
Moule à charnière de 18 cm (7 po) bien graissé ou moule à soufflé de 18 cm (7 po) d'une capacité de 1,5 litre (6 tasses) tapissé de papier d'aluminium résistant graissé
Robot de cuisine

CROÛTE

300 ml (1 ¼ tasse) de miettes de biscuits-sandwiches au chocolat (voir Truc)
3 c. à soupe de beurre, fondu

GÂTEAU AU FROMAGE

500 g (1 lb) de fromage à la crème, coupé en cubes et ramolli
125 ml (½ tasse) de sucre
2 œufs
5 ml (1 c. à thé) d'extrait de vanille
5 ml (1 c. à thé) de zeste de citron, râpé
2 c. à soupe de jus de citron fraîchement pressé
175 g (6 oz) de chocolat blanc, haché
60 ml (¼ tasse) de crème 35 %
250 ml (1 tasse) de bleuets frais ou décongelés

1. *Croûte:* Dans un bol, bien mélanger les miettes de biscuits et le beurre fondu. Presser ce mélange au fond du moule préparé. Garder au congélateur jusqu'au moment de l'utilisation.
2. *Gâteau au fromage:* À l'aide du robot de cuisine muni d'une lame métallique, mélanger le fromage à la crème et le sucre jusqu'à consistance lisse. Ajouter les œufs, la vanille, le zeste et le jus de citron. Mélanger pour bien amalgamer tous les ingrédients.
3. Dans une casserole, à feu doux, mélanger le chocolat et la crème, en remuant jusqu'à ce que le chocolat soit fondu. Verser sur la préparation au fromage dans le robot de cuisine et mélanger jusqu'à consistance lisse.
4. Étaler uniformément les bleuets sur la croûte. Verser la préparation au fromage et couvrir le moule de papier d'aluminium. Mettre le moule dans la cocotte de la mijoteuse et verser de l'eau bouillante qui montera à 2,5 cm (1 po) tout autour. Couvrir et cuire à température élevée de 3 à 4 heures, jusqu'à ce que les bords soient pris sans que le centre le soit complètement. Retirer le moule de la mijoteuse et laisser refroidir complètement avant de servir.

Remerciements

Un livre de recettes est toujours une œuvre collective. Il y a tellement de détails (pensez simplement à la liste des ingrédients) et d'éléments (les photos et le stylisme culinaire, par exemple) pour satisfaire à la demande du marché actuel. J'ai la chance de travailler avec la même équipe depuis une dizaine d'années. Elle est composée de professionnels accomplis qui m'apportent leur soutien indéfectible. Je suis privilégiée d'être si bien entourée.

Je remercie d'abord mon mari, Bob Dees, qui m'a dit un jour : « Tu devrais songer à mettre à jour ton livre de recettes végétariennes. » Comme toujours, il avait raison. Je remercie aussi Marian Jarkovich, qui m'aide dans tous mes projets.

L'évolution d'un livre vers sa forme définitive repose en grande partie sur le talent des photographes et des stylistes. Colin Erricson et Marc T. Shapiro ont fait des photos magnifiques, tandis que les stylistes culinaires Kathryn Robertson et Kate Bush ont préparé mes recettes avec beaucoup de soin et d'élégance. Charlene Erricson a fait une mise en place impeccable pour les séances de photos.

Je suis fière de la qualité de mes recettes. Audrey King et Jennifer MacKenzie ont veillé à ce que mes standards de qualité soient respectés et elles m'ont souvent fait des suggestions utiles pour améliorer certains points de mes recettes.

Index

D

E

F

Q

R

Suivez les Éditions de l'Homme sur le Web

Consultez notre site Internet et inscrivez-vous à l'infolettre pour rester informé en tout temps de nos publications et de nos concours en ligne. Et croisez aussi vos auteurs préférés et l'équipe des Éditions de l'Homme sur nos blogues!

EDITIONS-HOMME.COM

Achevé d'imprimer au Canada
sur papier Enviro 100% recyclé
sur les presses de Imprimerie Lebonfon Inc.